島田裕巳

二十二社

朝廷が定めた格式ある神社22

GS
幻冬舎新書
574

はじめに

神社に関心がある人たちでも、あるいは宗教について専門的に研究している人たちでさえも、「二十二社」と聞いたとき、何のことかまったく分からないかもしれない。私自身、二十二社のことを知ったのは、それほど昔のことではない。

だが、二十二社のことを知るにつれて、そこに含まれる22の神社が日本の歴史において極めて重要な意味を担っていることが分かってくる。二十二社こそが、神社界の中心なのではないか。そう思えてくるのである。

では、二十二社とは何なのか。

ここでは、辞書の説明を紹介しよう。


【二十二社】

大小神社の首班(しゅはん)に列し、国家の重大事、天変地異に奉幣使(ほうへいし)を立てた神社。1039年

（長暦3年）後朱雀天皇の制定（『広辞苑』第5版）。

この説明に続けて、二十二社に含まれる神社として、伊勢をはじめ、石清水、賀茂、松尾、平野、稲荷、春日、大原野、大神、石上、大和、広瀬、竜田、住吉、日吉、梅宮、吉田、広田、祇園、北野、丹生、貴船の名前があげられている。

『広辞苑』の説明にはないが、二十二社は、三つに分類されている。「上七社」「中七社」「下八社」である。どの神社がこの三つに分類されるかを、それぞれの神社の現在の正式な名称、所在地とともに示しておこう。

「上七社」

伊勢	神宮（伊勢神宮）	三重県伊勢市
石清水	石清水八幡宮	京都府八幡市
賀茂	賀茂別雷神社（上賀茂神社）	京都府京都市北区
	賀茂御祖神社（下鴨神社）	京都府京都市左京区
松尾	松尾大社	京都府京都市西京区

平野	平野神社	京都府京都市北区
稲荷	伏見(ふしみ)稲荷大社	京都府京都市伏見区
春日	春日大社	奈良県奈良市
「中七社」		
大原野	大原野神社	京都府京都市西京区
	大神神社	奈良県桜井市
石上	石上神宮	奈良県天理(てんり)市
大和	大和神社	奈良県天理市
廣瀬	廣瀬大社	奈良県北葛城(きたかつらぎ)郡河合町(かわいちょう)
龍田	龍田大社	奈良県生駒(いこま)郡三郷町(さんごうちょう)
住吉	住吉大社	大阪府大阪市住吉区
「下八社」		
日吉	日吉大社	滋賀県大津(おおつ)市

梅宮	梅宮大社	京都府京都市右京区（うきょう）
吉田	吉田神社	京都府京都市左京区（さきょう）
廣田	廣田神社	兵庫県西宮市
祇園	八坂神社	京都府京都市東山区
北野	北野天満宮（てんまん）	京都府京都市上京区（かみぎょう）
丹生	丹生川上神社中社（にうかわかみ・なか）	奈良県吉野郡東吉野村
	丹生川上神社上社（かみ）	奈良県吉野郡川上村
	丹生川上神社下社（しも）	奈良県吉野郡下市町（しもいちちょう）
貴布禰（きふね）	貴船神社	京都府京都市左京区

このなかには、伊勢神宮や伏見稲荷大社、あるいは春日大社、八坂神社、北野天満宮のように、ほとんどの人たちが名前を知っている神社が含まれている。ただ、丹生川上神社がその筆頭にあげられると思うが、多くの人が名前さえ聞いたことがないという神社も含まれているに違いない。

地域は京都と奈良が中心で、三重、大阪、滋賀、兵庫にも一社ずつではあるが、二十二社に含まれる神社が存在している。

逆に、出雲大社のように、著名であっても、近畿地方にはない神社は含まれていない。

二十二社は、『広辞苑』の説明では、神社の世界の首班であり、日本の国家に異変が起こったときに奉幣使（神前に幣帛を捧げる使者）を立てたとされる。首班とは第一位の席次、あるいは首席を意味する。いったいどういう基準をもとにして二十二社が選ばれたのか、興味をそそられるところである。

二十二社についてはあまり知られていないと書いたものの、最近では、関西地方の旅行社が、二十二社を巡るツアーを企画するなどしている。広範な地域に分散しているので、一度にまわるわけにはいかない。何度もツアーに参加しないと、全部を回りきることはできない。ツアーに参加せずとも、個人的に二十二社を巡っている人たちもいる。

丹生川上神社の場合には、不定期ではあるが、この神社単独で旅行社によるツアーが組まれている。

最近では、神社仏閣に参拝し、御朱印（参拝者向けに押印される印章）を集めることがブームにもなっており、二十二社の御朱印を集めている人たちはかなりいるようだ。

日本には、四国八十八箇所の遍路をはじめ、西国三十三所などの観音霊場を巡る巡礼が盛んである。今や二十二社も、巡礼路の一つと見なされ、次第に人気を集めるようになっている。有力な神社が含まれることが、何よりも魅力的なことである。

　では、二十二社の意味はどこにあるのだろうか。そこに含まれるそれぞれの神社には、いったいどういった由来や特徴があるのだろうか。そして、くり返しになるが、二十二社が選ばれた基準はどこにあるのだろうか。

　そのことを明らかにしていくことが、この本の目的である。二十二社の制度にはおよそ１０００年の歴史があるわけだが、意外なことに、もっぱら二十二社について書かれた本は出版されていない。２００３年に『歴史読本』という雑誌が二十二社の特集を組んだことがあるものの、主なものとしてはそれしかない。雑誌という性格上、現在では古本でしか手に入らない。

　私が二十二社に注目するようになってから刊行されたムックに『一生に一度は行きたい日本の神社１００選』（ＴＪＭＯＯＫ）がある。これは私が監修を頼まれたもので、あわせて１００の神社をどう選ぶかについても相談を受けた。

　仏教の寺院の場合には、宗派（しゅうは）（信仰対象、教義を共通にした教団）が存在するため、それを土台に全国の著名な寺院を選んでいくというやり方がとれる。

ところが、神社の世界には、宗派にあたるものがない。地方別というやり方がもっとも一般的かもしれないが、そうなると、神社の世界が全体としてどういった姿をとっているかが見えてこない。

そのムックでは、二十二社を一番最初に持ってきたのだが、それでとても落ち着きがよくなった。以下、皇室関係の神社である「神宮」を取り上げ、「大社（たいしゃ）・総本社（そうほんじゃ）・一宮（いちのみや）」と選んでいった。こうした選び方をすることで、重要な神社を網羅（もうら）することが可能になった。

幸い、このムックは版を重ねている。写真が多く使われているので、本書と並行して読み進めていただくと、二十二社に対する理解が深まっていくはずである。

なお、神名については史料によって表記が異なるので、統一は不可能である。その点に留意して本書を読み進めていただきたい。

序章 二十二社とは何か

「社格」とは国家による神社の格付け

「はじめに」で見たように、この本で扱うことになる二十二社は、天変地異(てんぺんちい)などが起こったときに、国家が奉幣使を立てた神社である。二十二社がすべて定まったのは、長暦(ちょうりゃく)3年、1039年のことである。それは平安時代後期のことで、現在の歴史学では、「古代」が終わり、「中世」に入った段階と見なされている。この時代、朝廷は京都に置かれていた。

現代においては、地震や風水害が起こったとき、国家が特定の神社に対して災害からの復興、社会の安定を祈願することはない。それは、憲法が定める「政教分離」の原則に明らかに違反する。皇室の祖先神である天照大神(あまてらすおおみかみ)を祀る伊勢神宮でさえ、その例外ではない。20年に一度行われる伊勢神宮の式年遷宮(しきねんせんぐう)において、日本国家が費用を負担することはまったく行われていない。

そこに、中世と現代との神社に対する考え方の違いが示されている。現代ではなくなったが、古代から中世、さらには近世、そして戦前まで、国家が神社に祈願を行うことは当たり前に行われていたのだ。

国家と神社との関係を象徴するのが、「社格」という制度である。社格とは、神社の格式ということで、それを定めるのは国家の側である。社格は古代から存在した。それはやがて廃れてしまうが、明治に時代が改まったときには、新たに社格が制度化された。そちらは一般に「近代社格制度」と呼ばれ、古代からの社格とは区別されている。二十二社は、中世における社格制度の一つである。

７０１年（大宝元年）に、日本で最初の本格的な律令（古代の法制度。律は刑法で令は民法、行政法等）である大宝律令が制定された。この大宝律令を改めたものが７５７年（天平宝字元年）の養老律令である。この二つの律令は散逸してしまい、全体は現存していないが、養老律令の「第六　神祇令」は残されている。神祇令では、それぞれの季節、あるいは天皇の即位といった特別な出来事に応じて、どういった祭を行うかが規定されている。

そうした祭のなかで毎年2月に行われるのが「祈年祭（きねんさい、としごいのまつり）」である。一年のはじまりにあたって五穀豊穣を祈る祭だが、その際に、「幣帛」に預かる神社が「官社」とされた。幣帛とは、神に対する捧げ物のことで、布帛（織物）、衣服、武具、神酒、神饌（神に供える食べ物）などが捧げられる。

3132の神を大・小・官・国の4つに分ける

官社を列挙したものが、927年（延長5年）に成立した律令の施行細則である『延喜式』の第9巻と10巻に収められた「神名帳」である。これは、『延喜式神名帳』とも呼ばれる。『延喜式神名帳』には、2861社があげられ、祀られている神の数は3132座に及んだ。座は、神を数えるために用いられる。

こうした神社は、『延喜式神名帳』に含まれるということで、「式内社」と呼ばれる。式内社は、「延喜式内社」、あるいは「式社」とも呼ばれる。そこには含まれないものの、『延喜式神名帳』が成立した時代に存在した神社は「式外」（あるいは「式外社」「式外の社」）と呼ばれる。

ただ、日本古代史を研究する小倉慈司によれば、『続日本紀』（平安時代初期に編纂された歴史書）７０６年（慶雲３年）２月庚子（26日）のくだりでは、甲斐や信濃の国などの19社が初めて祈年祭の幣帛にあずかったとされており、これをもとに小倉は、当初の官社はかなり少なかったのではないかと指摘している。しかも、この時代の官社の大部分は畿内（京に近い五つの国。山城・大和・河内・和泉・摂津）にあった。奈良時代には官社は少なく、『延喜式神名帳』にあげられたうち15パーセントから20パーセントが官社になったのは平安時代初頭以降ではないかという（小倉・山口輝臣『天皇と宗教（天皇の歴史９）』講談社学術文庫、小倉「延喜神名式『貞』『延』標柱の検討―官社の数量的変遷に関して」『延喜式研究八号、１９９３』）。

官社においては、祈年祭に際して、それぞれの神社の神職である「祝部」が、都にある神祇を司る役所である「神祇官」に集まり、幣帛を受けとることになっていた。しかし、畿内ならともかく、畿外から都までやってくるには相当の月日がかかる。実際、７７５年（宝亀６年）には、参集しない祝部に対して罰則規定が設けられた。これは、集まってこない祝部が少なくなかったからである。

すでに平安時代に入っていた７９８年（延暦17年）９月癸丑（７日）には、それまで神祇官が直接幣帛を捧げていたもののうち、僻遠の地にある神社には国司が幣帛を用意するように変更される（『類聚国史』）。『延喜式神名帳』では、そこに掲載された神は大と小に区別され、さらにそれぞれが神祇官による官幣にあずかるところと、各国の国司による国幣にあずかるところに区別された。これで四つに分けられたわけだが、その数は次のようになる。

大社		492座
	官幣	304座
	国幣	188座
小社		2640座
	官幣	433座
	国幣	2207座

神社の格を定めた神階のはじまり

７９８年の改革によって、全国の官社が祝部を神祇官のもとに参集させる必要はなくなったわけで、官幣にあずかる大社と小社は７３７座に限定された。ところが、８１７年（弘仁８年）に出された官符によると、それでも幣帛を受けとりにこなかったところが１４２座分もあったという。

興味深いのは、平安時代前期の公卿（高位の貴族）で漢学者だった三善清行が９１４年（延喜14年）に行った奏上（身分が上の者に申し上げること）である。幣帛を受けとった祝部は、絹については懐中にさしはさみ、神に捧げるはずの酒は自分たちで飲んでしまったというのである。国家の側としては、全国の神社を統制下におこうと試みたものの、それは徹底されなかったのである。

こうした社格とは別に、それぞれの神に位階を授ける「神階」の制度も生まれた。

古代には、天皇が臣下に対して位階を授ける制度が生まれ、それが近代になっても受け継がれた。位階のはじまりは、６０３年（推古天皇11年）に聖徳太子（飛鳥時代の皇族・政治家。厩戸皇子）が定めたとされる「冠位十二階」の制度である。その後、官職に就く者には位階が授けられることとなった。

神階は、位階の授与を神に広げたもので、８世紀前半からはじまる。最初は、人に対する位階と同様に、食封（封戸からの租の半分と庸と調の全部が収入になる）や位田（田地）が給与されたが、やがてそれはなくなり、そこから活発に与えられるようになる。格別経費がかからないからである。ただし、伊勢神宮とそれに準じるとされた和歌山の日前神宮・國懸神宮には与えられなかった。

８５０年（嘉祥３年）に、文徳天皇（第55代天皇）が即位したときから、それぞれの神に神階が授けられるようになり、すでに授けられている場合については昇叙が行われた。その年の12月には、朝廷が把握しているすべての神に位階が授けられた。その際に、それまで神階を与えられていなかった神のうち、「名神」と「大社」には従五位下が、それ以外の神には六位が与えられた。人間の場合、従五位下以上が貴族で、六位との間に断絶があった。

名神とは、国家の異変に際して奉幣、祈願が行われる「名神祭」の対象となる有力な神のことで、『延喜式』巻３の「臨時祭」の箇所では、「名神大社」として２０３社２８５座があげられていた。一方、同じ『延喜式』でも「神名帳」の方では、名神大社として２２６社３１３座があげられていた。なぜ数に相違が生じたかについては諸説あるが、はっきりしない。大社とは、官社の格において官幣大社や国幣大社とされた神社をさす。

その後、天皇の即位や、社会が根本的に改まるとされ、多く改元がなされた「辛酉革命」の年などに神階の昇叙が行われた。これによって一番高い位階である「正一位勲一等」にまでのぼりつめる神も現れた。賀茂神社や春日大社、鹿島神宮や香取神宮などの神々である。二十二社には、高い神階を授けられているところが多い。

源流は伊勢神宮と各神への雨乞い

二十二社は、国家に重大な出来事、あるいは天変地異が起こった際に、朝廷が特別に奉幣を捧げた神社ということになるわけだが、朝廷が直接にかかわる神社として神祇令（律令のうち公的祭祀について記された部分）にあがっていたのは、伊勢神宮と大神神社、それに廣瀬大社と龍田大社だけだった。

その後、それぞれの神社での祭祀の際に、勅使（天皇からの使い）が派遣され、幣帛を奉るようになる。そのはじまりは奈良時代で、称徳天皇（第48代天皇。第46代孝謙天皇が重祚）の代における春日大社だった。平安時代になると、朝廷に祀られた園神と韓神の園韓神祭をはじめ、賀茂神社の賀茂祭、松尾大社の松尾祭、梅宮大社の梅宮祭などにも勅使が派遣され、そうした祭は公的な祭祀としての性格を持つようになった。

二十二社の直接の前身となったのは、十六社奉幣の制度で、その源流は、788年（延暦7年）に、祈雨、つまりは雨乞いのために、伊勢神宮と名神大社への奉幣がはじまったことに求められる。雨が降るかどうかは農作物の生育にとってもっとも重要なことである。日照りは不作に結びつき、不作になると、食糧が尽きる飢饉を引き起こした。

810年から824年まで続いた弘仁年間以降になると、水の神である丹生川上神社と貴船神社への祈雨や、その逆である祈晴のための奉幣が行われる。その後、仁明天皇（第54代天皇）の治世（833〜850年）の頃になると、伊勢、賀茂、松尾、平野、住吉などへの奉幣が行われるようになり、それは「近京名神七社」とか、「明神十一社」などと呼ばれるようになった。

伊勢神宮以下十六社に奉幣を捧げた最初は、898年（昌泰元年）の『日本紀略』（平安時代に編纂された歴史書）の記事にある。このときの十六社は、伊勢、石清水、賀茂、松尾、平野、稲荷、春日、大原野、大神、石上、大和、廣瀬、龍田、住吉、丹生、貴船であった。

この十六社が選ばれた理由について、小倉は、次のようにまとめている。

天皇守護神＝伊勢、石清水、賀茂、平野
王城鎮護神＝賀茂、松尾、平野、稲荷
対外関係守護神＝住吉
藤原氏氏神＝春日、大原野
大和の名社＝大神、石上、大和、廣瀬、龍田
祈雨神＝丹生、貴船

一方、岡田莊司編『日本神道史』で、該当する箇所を執筆した加瀬直弥も、十六社の多くは式内社、名神の列に加わり、貞観（じょうがん）年間までに、その神格は、丹生、貴船を除くと三位以上に昇叙されていたことを指摘し、それらが「中央朝廷・天皇に対して霊験の強い存在感を示した神祇であり、その性格は天皇守護神、王城鎮護神、京内守護神、外戚（がいせき）氏神、大和の五穀豊穣・風雨神、山城・大和の祈雨神に分類することができる」と、ほぼ同様の指

摘をしている。

1081年の日吉大社で二十二社は定まり、それ以降は増えなかった

個々の神社が、どういった点で、それぞれに指摘された役割を果たしていたのかについては、後に詳しくふれる。はっきりしているのは、伊勢を除くと、十六社のなかには、京都と奈良、当時の山城国と大和国の有力な神社が含まれていたことである。

その後、十六社は拡大されていく。９９１年（正暦２年）には、吉田、廣田、北野の３社が加えられ、十九社となる。９９４年（正暦５年）には梅宮が加わり二十社、９９５年（長徳元年）には祇園が加わり二十一社、そして、１０３９年（長暦３年）に日吉が加わって二十二社が定められることとなった。

こうした神社が追加された事情は、それぞれで異なっている。たとえば、吉田神社の場合には、８５９年（貞観元年）に、一条天皇（第66代天皇）の外戚となった藤原氏の藤原山蔭が、藤原氏の氏神である春日大社から春日神を勧請（分霊を他の場所に移し祀ること）することで創建された。吉田神社の吉田祭は９８７年（永延元年）に公祭となっており、それで十六社に追加されることにつながった。

鎌倉時代後期に成立したとされる『百錬抄』（編年体による歴史書）は公家の日記などからの抜粋を含むが、１０８１年（永保元年）11月18日の項目では、日吉大社を加えることで最終的に二十二社が定まったとされている。これ以降、二十二社がさらに増えることはなかった。

ただし、平安時代末期には、厳島神社をそこに加えようとする動きが起こった。摂政関白となった九条兼実の日記である『玉葉』などには、二十二社に加えて厳島神社にも奉幣を行ったという記述がある。高倉天皇（第80代天皇。後白河天皇の第7皇子）も、厳島神社に行幸している。

厳島神社は、この時代に絶大な権力を誇った平清盛をはじめとする平家一門の氏神であった。清盛はその娘徳子を高倉天皇に嫁がせ、その間には安徳天皇（第81代天皇。平家と壇ノ浦で運命を共にした）が生まれた。これによって清盛は、藤原氏と同様に天皇の外戚の地位を獲得した。厳島神社を二十二社に加えようとする動きが起こったのも、これが関係すると思われる。しかし、平家は源氏によって滅ぼされたため、厳島神社が二十二社に加えられることはなかった。

この出来事は、二十二社がどういった基準で選ばれたのか、その理由を明白にするものであった。二十二社の中核をなすのは、朝廷と深い関係を結んだ神社と、天皇の外戚（母方の親戚）となり摂関政治を展開した藤原氏にゆかりの神社である。平家が源氏に滅ぼされず、藤原氏に代わって摂関政治を展開し続けたとしたら、厳島神社もそこに加えられていただろう。逆に、藤原氏ゆかりの神社は外されていたかもしれない。

近代になって特別な意味を失った二十二社

二十二社が固定化されて以降、毎年２月と７月の二回、その年の豊作を願って幣帛を捧げる「祈年穀奉幣」が朝廷の行事として営まれることとなる。それは１４４９年（宝徳元年）まで続けられた。祈年穀奉幣は日吉大社が加えられてから４００年以上にわたって継続されたことになる。

その後、奉幣は中断されるが、江戸時代に入って、１７４４年（延享元年）には、二十二社のうち上七社に対する奉幣が再興された。これは、政治上の変革が起こるとされる甲子の年にあたり、１８０４年（文化元年）と１８６４年（元治元年）のやはり甲子の年にも行われている。しかし、それが最後で、近代に入ると、二十二社は格別重要な意味を持たなくなった。明治政府は、１８７１年（明治４年）に、『延喜式』にならって新たに近代社格制度を発足させたものの、それは古代や中世の制度とは異なるものであった。

二十二社について記した文書として古いものに、『神皇正統記』（南朝の正統性を述べた歴史書）で名高い南北朝時代の公卿、北畠親房が１３４１年（興国２年）頃に記した『二十一社記』がある。二十二社ではなく二十一社となっているのは、貴船神社については、賀茂神社の摂社（上位にある本社に従属する神社）と位置づけられているからである。平安時代以降に賀茂神社の勢力が拡大するようになると、貴船神社はその摂社とされた。ただし、もともと両者の間に密接な関係があったわけではない。

二十二社への奉幣が中断された後、二十二社について研究を行ったのが、「吉田神道」を創始した吉田神社の吉田兼倶であった。兼倶は、１４６９年（文明元年）に『二十二社註式』を著し、その冒頭で、二十二社が成立した経緯についてふれ、個々の二十二社について解説を加えている。この『二十二社註式』は、その後、二十二社についての基本的な文献となった。

京都を戦渦に巻き込み、甚大な被害を与えた「応仁の乱」（室町時代末期の全国的な内乱）が起こったのは、その２年前、１４６７年（応仁元年）のことであった。翌年には、吉田神社も焼けてしまった。『二十二社註式』は、さらにその翌年に記されたことになる。

兼倶としては、二十二社に含まれる吉田神社がいかに格式の高いものであるかを世に示しておく必要があると感じたのかもしれない。兼倶は、1484年（文明16年）に、吉田神社の末社として、その境内に「大元宮」を造営している。大元宮は、宇宙の根源にある神とされる「虚無太元尊神」をはじめ、全国の神々をすべて祀った斎場であった。

兼倶が創始した神道の一流派である吉田神道は、唯一神道、卜部神道、元本宗源神道、唯一宗源神道といった異名を持ち、その特徴は、中世において広まった仏教優位の考え方、「本地垂迹説」（日本の神々は仏が菩薩として民衆を救うために仮の姿をとったもの）に対抗して、神道優位の「神本仏迹説」を説いたことにある。本地垂迹説では、仏が主で、その垂迹として日本に現れた神は従とされたが、神本仏迹説ではその関係が逆転され、神は主、仏は従とされたのだ。ただ、吉田神道は、神道を中心とはするものの、他の信仰を排斥するものではなく、仏教や道教、儒教の考え方も取り入れていた。

明治政府の新たな社格でただの官幣社となった二十二社

古代から皇室の祭祀を司っていたのは白川家であり、「白川伯王家」と称していた。これに対して兼倶は、「神祇管領長上」と称し、白川家に対抗する。そして、吉田家は全国の多くの神社を支配するようになり、白川家を圧倒するようになった。江戸時代に入ると、「諸社禰宜神主法度」において、吉田家は神職の位階や装束の許状を発行する権利を獲得し、その支配力を強化することに成功する。そうした権威を確立する上において、吉田神社が二十二社に含まれていたことは重要な意味を持った。

二十二社についての史料としては、伊勢神宮外宮の権禰宜であった度会延賢による「二十二社参詣記」がある。延賢は、1718年（享保3年）3月28日に伊勢を出発し、伊賀、大和、紀伊、和泉、摂津、山城、近江の各国をめぐり、二十二社を中心に各地の神社に参詣している。延賢は、道中、どういった道をたどったのかについて詳しく記しており、その点で貴重な史料になっている。

二十二社が決定的に意味をなさなくなるのは、江戸幕府が倒れ、明治の新政府が誕生したときである。明治政府は、すでに述べたように、古代にならう形で、新たな社格制度を確立した。

それは、1871年7月1日（明治4年5月14日）の太政官布告「官社以下定額・神官職制等規則」によって定められたもので、社格は、「官社」「諸社（民社）」「無格社」に分けられた。伊勢神宮については、特別な存在として社格は与えられなかった。

明治に入ると、神祇を司る役所として神祇官が再興され、官社のうち、「官幣社」（祈年祭・新嘗祭に国から奉幣を受ける神社）は神祇官が祀ることとなった。官社のうち、地方官が祀るのが「国幣社」である。それぞれ、大中小の区別があり、二十二社は、朝廷に縁のある神社とともに官幣社に組み込まれた。これによって、官幣大社、官幣中社、官幣小社、国幣大社、国幣中社、国幣小社が区別されるようになるが、それとは別に、国家に功績のあった忠臣や武将などを神として祀った神社については、「別格官幣大社」という社格が与えられた。諸社の方は、府県社、郷社、村社に分けられた。藩が存続していた時期には、藩社という社格も存在した。

二十二社のうち、日吉、賀茂、石清水、松尾、平野、伏見、八坂、大神、大和、石上、春日、廣瀬、龍田、丹生川上、住吉、廣田は官幣大社となったが、梅宮、貴船、大原野、吉田、北野については官幣中社の社格となった。

皇室は宮内省を通してすべての官幣社に幣帛を供進することとなった。国幣社についても、国家がそれを負担した。この時代、皇室は膨大な御料林を所有し、その利益で優良企業の株式などを保有しており、国家とは独立した財政を営む、財閥に近い存在であった。

官幣社と国幣社を合わせた官社は、諸社から昇格したものもあり、最終的には２１８社となった。この数は、古代の社格制度における官幣大社の198社に近い。

二十二社に入りそうで入らなかった厳島神社

二十二社という社格が意味を持った期間を定めるのは難しい。日吉大社が加えられた1081年から奉幣が中断される1449年までとするなら、350年余りということになるが、十六社に奉幣が捧げられた898年を起点とし、江戸時代の終焉である1868年を終点とするなら900年以上にもなる。

日吉大社が加えられて以降は、厳島神社には加えられる可能性が生じたものの、二十二社は固定され、増えることもなければ、減ることもなかった。数が限定され、他の神社が加えられないことで、二十二社の権威は自ずと高まった。

以上が二十二社の概要と、その成立過程、歴史ということになる。これから、個々の神社について見ていくことになるが、その際に一つ念頭においておかなければならないことがある。

現在の私たちは、神社と聞くと、日頃訪れる機会のある現代の神社のことを思い浮かべる。現代の神社は、鳥居によって外界と区別され、多くは鎮守の森を持っている。境内は瑞垣によって囲まれ、祭神を祀る本殿の前には礼拝するための拝殿がある。さらに、境内には、いくつもの鳥居が建ち、摂社末社とされる小祠が祀られている。それが神社の基本的な形式である。

しかし、神社は古代からそうした形をとってきたわけではない。

現存する最古の神社建築は、京都府宇治市にある宇治上神社の本殿である。この本殿は、覆屋に覆われており、そのなかに、一間社流造の３棟の小祠が並ぶ形をとっている。奈良文化財研究所などが行った年輪年代測定調査によれば、本殿は１０６０年頃のものとされている。１０６０年と言えば、日吉大社が二十二社に加えられる直前である。

もちろん、宇治上神社の本殿が建てられる以前にも、神社建築は存在したはずである。しかし、そうしたものは現存していない。伊勢神宮などでは「式年遷宮」が営まれてきたため、社殿の建て直しがくり返されてきた。

ただ、11世紀半ばの時点で、すべての神社に社殿があったわけではない。たとえば、近代社格制度においては国幣中社に列せられた出雲大神宮（かつては出雲神社）の場合、鎌倉時代、13世紀に描かれた「出雲神社牓示図」においては、神体山である御蔭山の麓には一本の鳥居があるだけで、社殿はいっさい建っていない。

こうした社殿のない神社が、全体のうちどの程度を占めていたかは分からないが、祭神が社殿に宿るという考え方がいつ成立したかということは大きな問題である。これから述べていくなかでも幾度かふれることになるだろうが、少なくとも二十二社の制度が生きていた時代に現在と同じような社殿が建っていたとは考えられない。

社殿のある神社と、社殿のない神社とでは、そこで幣帛を捧げると言っても、その形は自ずと異なるものになっていたはずである。中世の勅使は、二十二社に赴いて、いったいいかなる祭祀を営んだのか。私たちは、そのことを想像しながら、それぞれの神社のことを見ていかなければならないのである。

第1部
上七社

第1章　伊勢神宮

『古事記』の天地開闢と天照大神

伊勢神宮は、二十二社の筆頭におかれており、その地位は不動である。

伊勢神宮は内宮の皇大神宮と外宮の豊受大神宮に分かれている。祭神は、内宮が天照大神（伊勢神宮では現在「天照坐皇大御神」と呼ぶ）、外宮が豊受大神（同じく「豊受大御神」）である。天照大神は天皇家の祖先神、「皇祖神」ととらえられている。

伊勢神宮の現在の正式な名称は、「宗教法人神宮」である。神宮は、戦後に制定された宗教法人法では、単位法人に分類され、それを包括するのが神社本庁である。全国の多くの神社を包括する神社本庁では、伊勢神宮を別格の存在としてとらえ、「本宗」と呼ぶ。

本宗について、神社本庁は、「教団の統合と信仰の共通を象徴して特別の敬意をあらはした名称である」（１９４９年に神社本庁の役員会等に提出された資料による）としている。

天照大神は、『古事記』や『日本書紀』といった日本の神話、いわゆる「記紀神話」に登場するが、天地開闢（世界の始まり）の最初に生まれた神というわけではない。

『古事記』において、最初に高天原に出現したのは、天之御中主神、高御産巣日神、神産巣日神のいわゆる「造化三神」である。続いて宇摩志阿斯訶備比古遅神と天之常立神が現れた。いずれも単独で成った独神で、そのまま身を隠してしまう。

次いで国之常立神と豊雲野神が成るが、やはり独神であった。その後に五組の対となる神々が成る。そのなかには、伊邪那岐神と伊邪那美神が含まれ、この二柱の神は、国土が海に漂って脂のようになっていたのを固めるため天の浮き橋から海をかきまわす。これが国産みであり、続いて神々を産んでいく。

ところが、伊邪那美神は火の神である火之迦具土神を産み、陰部に火傷を負って亡くなってしまう。そのため、伊邪那美神は死者の赴く黄泉の国に行ってしまう。妻を慕う伊邪那岐神も黄泉の国に向かうが、妻はすでに蛆がわくからだになっていた。それを見て、伊邪那岐神は黄泉の国を逃げ出す。

天照大神と倭大国魂、2つの神を祀ったせいで禍が

伊邪那岐神は最後、伊邪那美神に追われたものの、地上との境である黄泉比良坂を通り、そこをふさいでしまう。伊邪那岐神は黄泉の国の穢れを祓い、その際に左眼から生まれたのが天照大神だった。天照大神は、伊邪那岐神を父として生まれたことになる。

天照大神は、その弟である建速須佐之男命との誓約の場面において、正勝吾勝勝速日天之忍穂耳命などを産んでいく。天之忍穂耳命が造化三神に含まれる高御産巣日神の娘である萬幡豊秋津師比売命との間に設けた天邇岐志国邇岐志天津日高日子番能邇邇芸命は天降り、葦原中国を平定した。瓊瓊杵命の曽孫が初代の天皇である神武天皇である。

これによって、天照大神は皇祖神とされることになる。だが、瓊瓊杵尊を天降りさせる際に、天照大神以上に主導的な役割を果たしたのが高御産巣日神であった。また、高御産巣日神は、神武天皇が大和に侵攻するとき、天照大神とともに、高倉下という臣下の夢に現れている。そのため、高御産巣日神こそが最初の皇祖神であるという説も存在する。

ただ、高御産巣日神は独神であり、成った後、そのまま身を隠してしまう。したがって、神武天皇にはつながっていかない。そこが天照大神とは異なるのである。

ではなぜ、天照大神は伊勢に祀られることになったのだろうか。

その経緯についてはまったく語られていない。それをつづっているのは『日本書紀』である。『古事記』では伊勢に祀られたことしか述べられていない。

第10代天皇の崇神天皇5年、国内で疫病が流行し、多くの人間が死んだ。同6年には百姓が離散し、背く者も出てきた。そこで、宮中において天照大神と倭大国魂神の二つの神をともに祀っていたのがさまざまな禍の原因であるとされ、この二つの神を宮中の外に祀ることになる。

天照大神については、豊鍬入姫命に預けられ、倭の笠縫邑に祀られた。一方、倭大国魂神（日本大国魂神）については、渟名城入姫命に託される。だが、渟名城入姫命は髪が落ち、やせ衰えて、神を祀ることができなかった。

ここで注目されるのは、当時の宮中（『日本書紀』では天皇の「大殿」と呼ばれる）において、天照大神とともに倭大国魂神が祀られており、疫病などの原因が、この二つの神を同時に祀っていることに求められている点である。

同時に祀っていることが原因であるなら、片方の神だけを他に移せばいいはずだ。ところが、両方の神が同時に宮中から追い出され、別のところで祀られるようになる。しかも、倭大国魂神の方は、それを祀ろうとする人間を衰弱させてしまうほどの恐ろしい力を発揮している。

自らの子孫を殺した天照大神

なお、倭大国魂神を祭神として祀るのが、二十二社の中七社に含まれる奈良の大和神社である。そこで、倭大国魂神のその後の経緯については、大和神社の章で取り上げる。

一方、天照大神については、最初に祀られた笠縫邑がどこかが問題になる。多くの候補地があげられていて、はっきりしないのだが、そうした場所のほとんどは奈良県の桜井市周辺にある。

ところが、崇神天皇の後を継いだ垂仁天皇（第11代天皇）の25年3月、天照大神の祀り手は、豊鍬入姫命から、垂仁天皇の第4皇女である倭姫命に代わる。祀り手が代わっただけではない。倭姫命は、天照大神を祀る場所を求めて、大和国から近江、美濃国を経て伊勢国に至る。伊勢国に至ったとき、天照大神は、「是の神風の伊勢国は、常世の浪の重浪の帰する国なり。傍国の可怜し国なり。是の国に居らむと欲ふ」とのたまい、それで伊勢国に祀られる。倭姫命が天照大神を祀ることに苦労したことは注目される。

その後には、天照大神を祀る斎王がこもる斎宮が五十鈴川の川上に建てられ、そこは

「磯宮」と呼ばれた。斎王は、天皇が代わるたびに皇女のなかから選ばれた。この制度は南北朝の時代まで続く。

天照大神が伊勢国に祀られるまでの経緯も、天照大神が生まれ、皇祖神になった経緯を語る物語と同じように、神話であり、歴史上の事実ではない。ただ、『日本書紀』以外に、天照大神が伊勢国に祀られるようになった経緯について記した史料は存在しない。伊勢神宮の側も、その由緒を『日本書紀』の物語に求めている。

こうした神話がどれほど歴史的な事実を反映したものであるかは分からない。ただ注目されるのは、宮中において倭大国魂神とともに祀られていたとき、天照大神が禍を引き起こしたとされている点である。

しかも、『古事記』には、天照大神が自らの子孫である天皇を殺してしまった話が出てくる。

それは第14代の仲哀天皇のときのことである。仲哀天皇は妻の神功皇后とともに筑紫の訶志比宮（現在の香椎宮）にいた際、皇后は神憑りし、西の方にある新羅を攻めろという託宣（神のお告げ）が下される。ところが、仲哀天皇はそれに逆らった。すると神は天皇の命を断ってしまう。その後、下った神の正体を尋ねると、天照大神の「御心」から出ているという答えが返ってきた。天照大神は、自分に逆らったならば、子孫の天皇をも殺してしまうのだ。これももちろん神話だが、天照大神は常に人間を脅かす神として登場する。

神を祀るのは利益のためでなく鎮めなければ怖い存在だから

今、伊勢神宮に祀られた天照大神が恐ろしい神だとされることはない。禍をもたらしたという話も伝えられていない。

だが、宮中からはるか離れた伊勢国に祀られたこと、あるいは、明治時代になるまで天皇が一度も伊勢神宮に行幸していないこと、さらには、天皇に代わって、皇女が「斎王」として天照大神に仕えたことを考えると、この神は、簡単には近づいてはならない恐ろしい神としてとらえられてきた可能性が浮上する。

神とは、正しく丁重に祀らなければ、禍をもたらし、ときには人間をも殺してしまう存在である。古代の日本人はそのように考えてきた。神を祀るのは、それが利益をもたらしてくれるからではなく、逆に、鎮めなければならない存在だからである。神についての古代人の考え方が現代とは異なるものであったことを認識する必要がある。

ここまで述べてきたことは内宮の皇大神宮についてのことで、外宮の豊受大神宮についてのことではない。豊受大神宮が鎮座する経緯については、記紀神話にはいっさい語られていない。それを記しているのは、豊受大神宮の社伝である『止由気宮儀式帳』である。これは、８０４年（延暦23年）に編纂され、神祇官に提出されたものだとされる。ただ『止由気宮儀式帳』の写本は鎌倉時代以降のものしかなく、成立年代については検討が必要である。

そこでは、第21代の雄略天皇の夢に天照大神があらわれ、「吾れ一所のみ坐すはいと苦し、しかのみならず大御饌も安く聞こし召さずがゆえに、丹波国比治の真奈井に坐す我御饌都神、等由気大神を、我が許に連れて参れ」と指示したと記されている。自分一人では苦しいし、食事をとることもままならない。そこで、丹波国比治の真奈井というところにいる、自分に神饌を供えてくれる神、等由気大神を連れてきてほしいというのである。

京都府宮津市には籠神社があるが、その奥宮が真奈井神社で、そここそが、豊受大神がもともと鎮座していたところとされる。この由緒からすれば、豊受大神はあくまで天照大神に仕える立場にあったことになる。その点を踏まえれば、内宮が主であり、外宮は従である。

ただ、外宮の神職であった度会氏が唱えた「伊勢神道」においては、豊受大神は、天照大神よりも前に現れた天之御中主神や国之常立神と同一視された。これは、豊受大神が天照大神に優っているという主張である。もちろんこれは、内宮の側に受け入れられるものではなかった。

仏教が外来の宗教であるのに対して、神道は日本土着の宗教である。だが、日本に仏教が取り入れられると、次第に両者は深い結びつきを持つようになり、「神仏習合」という事態が生まれる。

神仏習合の象徴的な存在が、神社の境内に建てられた神宮寺で、そのはじまりは、715年（霊亀元年）に福井県の気比神宮に神宮寺が建てられたことに遡る。

伊勢神宮でも、奈良時代中期には神宮寺を造営することが試みられた。『続日本紀』の766年（天平神護2年）7月23日条には、伊勢神宮に勅使が送られ、「伊勢の大神宮寺」に丈六（一丈六尺、約4・8メートル）の仏像を造らせたと記されている。この時点で、伊勢神宮にはすでに神宮寺が存在したことになる。

かつてはさまざまな仏と集合した天照大神

ただし、大神宮寺は、祟りを理由に遠くに移されている。伊勢神宮では、仏教の信仰を忌避する傾向があり、僧侶が直接神前に参ることはできなかったし、鎌倉時代の史料によれば、念珠や本尊、経文を持つ者は二の鳥居より内側に入ることはできなかった（伊藤聡『神道とは何か—神と仏の日本史』中公新書を参照）。

それでも、神仏習合の基本的な理論である「本地垂迹説」が浸透するのを防ぐことはできなかった。平安時代末期の11世紀初頭には、天照大神の本地仏を観音菩薩とする説が唱えられるようになる。仏典のなかでもっとも強い影響力を発揮した『法華経』には、「宝光天子」が登場する。中国で天台宗を開いた智顗（隋代の僧）は、『法華文句』という注釈書のなかで、宝光天子は「日天子観世音」であるとした。日天子とは太陽のことである。そのために、観音菩薩は太陽神である天照大神と習合したのである。

さらに、仏教の世界に密教が浸透するようになると、天照大神は密教の本尊である大日如来（密教において宇宙の実相を体現する根本仏）と習合する。真言宗において説かれた「両部神道」においては、伊勢神宮の内宮は両界曼荼羅の胎蔵界に、外宮は金剛界にたとえられた。伊勢神宮も、中世においては、密教空間に変貌したのであり、境内には密教の祈禱所も設けられた。

神仏習合ということは、伊勢神宮だけのことではなく、二十二社全般に見られる。

現在、二十二社を訪れても、そこに仏教が浸透した痕跡を見出すことは難しい。しかし、かつては境内に神宮寺や仏塔などが建っていた。私たちは、その点を常に念頭においておかなければならない。現在の姿をそのまま過去に投影してはならないのである。

伊勢神宮に特徴的なのが「式年遷宮」の制度である。伊勢神宮では、20年に1度式年遷宮が行われ、社殿が一新される。

式年遷宮は伊勢神宮の専売特許のように思われているが、他の神社においても遷宮が行われてきた。『延喜式』においては、伊勢神宮の他に住吉大社、香取神宮、鹿島神宮など主だった神社では20年に1度遷宮を行うことが定められていた。

なぜ遷宮が行われるのか。それについては、さまざまな説が提起されている。

一つの理由としてあげられるのは神殿の老朽化である。ただし、かつて伊勢神宮に奉職した経験を持つ神道学者の桜井勝之進は、老朽化が遷宮の理由ではなく、神に新しい宮殿を捧げる「新宮遷り」が目的になっていると述べている。「みずみずしい松の新芽ともいうべき新宮を周期的に造営し、そこに大神の神威の輝きを仰ぐ」ことこそが遷宮の目的だというのである(『伊勢神宮』学生社)。遷宮には、社殿を一新することによって、神を、さらには世界を再生させる意味があるというのである。

祟りを引き起こす天照大神と、かつては19年に1度だった式年遷宮

しかし、天照大神が祟りを引き起こしたという伝説があることからすれば、遷宮には、絶えず新たな社殿を神に対して提供することで、安らかに鎮座してくれることを願う気持ちが込められているのではないだろうか。丁重に祀らなければ、いつ何時神は災厄(さいやく)をもたらすかもしれない。そうした危機感が遷宮の背景にあるように思われる。

では、式年遷宮はいつから行われるようになったのだろうか。

平安時代末期、11世紀後半に作られたとされる『太神宮諸雑事記(だいじんぐうしょぞうじき)』によれば、天武天皇(てんむ)(第40代天皇)14年に式年遷宮の制度が定められ、その娘である持統天皇(じとう)(第41代天皇)の4年に内宮の遷宮が行われ、同6年に外宮の遷宮が行われたとされている。ただし、このことは、『日本書紀』には出てこない。『延喜式』では20年に一度正殿、宝殿、外幣殿を造り替えるよう指示されている。

『延喜式』が作られたのも927年のことである。その点を踏まえると、伊勢神宮における式年遷宮の開始は、平安時代になってからとも考えられる。遷宮の記録は、1497年(明応6年)に成立した『二所太神宮例文』にあるだけで、これもただそれぞれの年に遷

宮があったと記されているだけである。その点から天武天皇が在位した飛鳥時代からはじまることが証明されているわけではない。

遷宮の歴史は実ははっきりしないのだが、一つ注目されるのは、当初において、遷宮が20年に1度ではなく、19年に1度ずつ行われていた点である。しかも、内宮と外宮の遷宮が一緒に行われることはなく、そこに2年のずれがあった。内宮の遷宮を終えてから、その2年後に外宮の遷宮が行われるという形をとっていた。これは14世紀はじめまで続き、その後に20年に1度くり返されるようになる。

ところが、１４６７年（応仁元年）に応仁の乱が勃発すると、遷宮は中止を余儀なくされる。応仁の乱の5年前、１４６２年（寛正3年）に内宮の第40回遷宮が行われたが、その次の第41回の遷宮は、それから１２３年後の１５８５年（天正13年）のことだった。外宮の方も、１４３４年（永享6年）の第39回の後は、１５６３年（永禄6年）まで１２９年も間隔があいてしまった。

内宮の第40回遷宮から30年が経過しようとしていた１４９１年（延徳3年）には、破損が著しいので、本格的な遷宮はともかく、仮の遷宮を行う必要があるという上申書が、伊勢神宮の禰宜（少宮司の下の神官）から出されている。だが、この願いはかなわなかった。

外宮の場合も、1486年（文明18年）12月22日に、内宮に仕える宇治の神人と外宮の山田の神人が争い、山田方は外宮に放火し、炎上してしまう。

二十二社に対する奉幣が1449年で中断されるのも、このように、応仁の乱の影響があったからである。

それでも、織田信長や豊臣秀吉が天下を統一し、戦乱に終止符が打たれると、彼らの寄進によって遷宮は再開される。江戸幕府も、遷宮の資金を賄うようになり、それが現代にまで遷宮が受け継がれる基礎となったのである。

第2章 石清水八幡宮

伊勢神宮と並ぶ、『徒然草』で有名な石清水八幡宮

石清水八幡宮の名前を聞いても、近畿地方に住んでいない人はピンと来ないかもしれない。伊勢神宮に比べれば、全国的な知名度は劣る。

しかも、石清水八幡宮の創建は860年（貞観2年）のことである。これは、伊勢神宮や名神大社に祈雨のために奉幣が行われた788年よりも遅い。

にもかかわらず、898年に十六社に最初に奉幣が捧げられたときには、そのなかに石清水八幡宮は含まれていた。創建から40年も経たない時点で、石清水八幡宮は朝廷にとって重要な神社と見なされていたのだ。

しかも、939年には、十六社のなかで、伊勢神宮に次ぐ地位を獲得する。石清水八幡

宮が平安京の西南、つまりは「裏鬼門」の位置にあったことから、王城鎮護の役割を果たすようになるからである。

最終的には、伊勢神宮とともに「二所宗廟」と呼ばれるようになる。宗廟とは、中国において氏族の先祖に対する祭祀を行う廟のことをさす。二所宗廟ということは、朝廷の祖先神、つまりは皇祖神を祀る神社として位置づけられたことを意味する。

創建からの歴史が浅いにもかかわらず、石清水八幡宮は伊勢神宮に匹敵する地位を獲得する。鎌倉時代の日蓮などは、1275年（文永12年）2月16日にしたためた「新尼御前御返事」と呼ばれる書状のなかで、「国王は八幡・加茂等御帰依深くありて天照太神の御帰依浅かりしかば」と述べていた。ここで言う国王は天皇のことである。天皇は、皇祖神を祀る伊勢神宮よりも、石清水八幡宮や、次の章で述べる賀茂神社に深く帰依するようになっていたというのだ。これは、あくまで日蓮個人の考え方だが、石清水八幡宮が朝廷の信仰を集めたことを考えれば、それは事実に近かったのではないだろうか。

同じく鎌倉時代末期にまとめられたと考えられる吉田兼好の『徒然草』には、石清水八幡宮のことが出てくる。この文章は、高等学校の古文の授業でも取り上げられることもある。それで石清水八幡宮の名前を記憶している人もいるかもしれない。

『徒然草』の第52段には、仁和寺のある僧侶が石清水八幡宮に参拝したときのことが書かれている。その僧侶は、年をとるまで参拝したことがなかったのを情けないと思い、あるとき思い立って、一人で参拝に出かけた。

石清水八幡宮は男山という小高い山の上にあるのだが、その僧侶は、麓にある極楽寺と高良神社に参っただけで、帰ってきてしまった。

帰ってから仲間に対して、「ずっと気にかけてきたことが果たせてよかった。想像した以上に八幡神の尊さを感じた。ただ、他の参拝者が山の上に登って行くのを見て、山の上に何があるのだろうかと思ったが、参拝が目的なので山の上までは行かなかった」と語ったというのである。

吉田兼好は、このエピソードについて、どんな小さなことでも案内人が必要だと述べて、文章を締めくくっている。

なぜ石清水八幡宮は二所宗廟となったか

この話は、当時、石清水八幡宮が多くの参拝者を集めていたことを教えてくれる。

ただ、仁和寺の僧侶が、麓にある極楽寺と高良神社を参拝しただけで帰ってきてしまったことは、同情に値する。

というのも、神社は一般に、山があれば、その麓にあるもので、山の上にあるようなところは決して多くはないからである。

それは、大神神社の章でも改めて述べるが、神社は、山のなかにある磐座への信仰にはじまり、磐座のある山が神体山（神霊が宿る山）として拝まれるようになる。ところが、石清水八幡宮は男山の山上に社殿を設けている。それは当初からのことである。あるいは、石清水八幡宮の創建が９世紀の半ばと、かなり遅いことが影響しているのかもしれない。その頃には、磐座や神体山への信仰が薄れていた可能性が考えられるからだ。

石清水八幡宮が創建される前、男山には石清水寺という寺があった。八幡宮が創建されることで、石清水寺はその神宮寺となり、８６２年（貞観４年）には護国寺と名が改められた。それ以降、石清水八幡宮は、「石清水八幡宮護国寺」として知られるようになる。しかも、「男山四十八坊」と呼ばれたように、そこには多くの僧坊が建ち並んでいた。寺院であるなら、高野山や比叡山がそうであるように、山中に展開していても不思議ではない。

第1章でふれたように、伊勢神宮には、明治に入るまで、天皇が行幸することはなかった。ところが、石清水八幡宮には天皇や上皇による240回余りの行幸啓があった。それだけ朝廷の信仰が篤(あつ)かったわけで、伊勢神宮とは対照的である。

ではなぜ、石清水八幡宮は歴史が浅いにもかかわらず、二所宗廟として伊勢神宮に次ぐ、あるいはそれをしのぐ地位を獲得したのだろうか。

石清水八幡宮の祭神は八幡神(はちまんしん)である。それは、「八幡三所大神(はちまんさんしょおおかみ)」とも呼ばれ、誉田別命(ほんだわけのみこと)、比咩大神(ひめのおおかみ)、息長帯姫命(おきながたらしひめのみこと)の三神からなっている。誉田別命は、第15代の応神天皇の呼び名であり、息長帯姫命はその母である神功皇后の呼び名である。比咩大神は、宗像(むなかた)神社（福岡県宗像市にある神社）の祭神、宗像三女神（田心姫(たごりひめ)神、湍津姫(たぎつひめ)神、市杵島姫(いちきしまひめ)神）をさす。

ただ、石清水八幡宮護国寺と呼ばれていた神仏習合の時代には、祭神は「八幡大菩薩(はちまんだいぼさつ)」と呼ばれていたはずである。八幡神は、神道の神であると同時に、仏教の菩薩としてとらえられていた。

石清水八幡宮の八幡神は、八幡神への信仰がはじまった大分県宇佐(うさ)市の宇佐神宮の祭神を勧請したものである。

その勧請にかかわったのが、奈良の大安(だいあん)寺の行教(ぎょうきょう)という僧侶だった。大安寺は、今でこそかなり衰え、注目されることが少ないが、かつては「南都七大寺」にも数えられる有力な寺院だった。

行教は、藤原良房の外孫であった惟仁親王が第56代の清和天皇として即位する際に、その祈禱のため宇佐神宮に派遣された。行教はその際に八幡神から「われ都近き男山の峯に移座して国家を鎮護せん」という託宣を下された。それが男山への勧請に結びついた。このことは、行教自身の手になる『石清水八幡宮護国寺略記』に記されている。

応神天皇と習合した八幡神

この託宣が事実であるかどうかは分からないが、八幡神が勧請されたのは、朝廷が王城鎮護の役割を期待したからであろう。

八幡神を祀る八幡神社や八幡宮は、神社のなかでもっとも数が多い（その点については、拙著『なぜ八幡神社が日本でいちばん多いのか』幻冬舎新書を参照）。ところが、八幡神は、記紀神話には登場しない神であり、もともとは、宇佐神宮のある宇佐地方で渡来人が祀っていた。八幡神は外来の神である。しかも、現在地に祀られるまで祟り、人の命を奪ったという伝承もある。八幡神は天照大神と同様に恐ろしい神でもあるのだ。

宇佐神宮のことが、最初に文献に現れるのは奈良時代の737年（天平9年）のことである。この年の1月に、日本は新羅に使節を派遣したものの、受け入れを拒否され、両国の関係は悪化した。平安時代の初期に編纂された『続日本紀』によれば、その際に、朝廷は、伊勢神宮、大神神社、筑紫国の住吉神社と香椎宮、そして宇佐神宮に幣帛を捧げたとされる。

その後、八幡神は、奈良の東大寺に大仏が建立されるときには、その事業に対する協力を申し出る。しかも、八幡神に仕える神女が上京し、造立を発願（神仏に願を立てること）した聖武天皇（第45代天皇）などとともに大仏を礼拝している。そして、八幡神は、そのまま東大寺の守護神として手向山八幡宮に鎮座することとなる。

さらに、弓削道鏡の事件が起こった際にも、八幡神による託宣は重要な役割を果たす。道鏡は、女帝であった孝謙天皇（第46代天皇。第48代称徳天皇として重祚）と密接な関係を持ち、皇位を狙うまでになった。それを阻止したのが八幡神の託宣で、これまで臣下が君主となった例はないので、皇統につらなる人物を皇位につけるべきだと告げたのである。

この事件については、果たして事実なのかどうか不確かなところがあるが、この時代、八幡神が皇位を左右するような極めて重要な役割を担う神であると考えられていた点は見過ごせない。

そして、八幡神のことが最初に文献に現れてから130年も経たない時点で、石清水八幡宮が創建され、平安京に対して王城鎮護の役割を担うことになったのだ。

その際に重要なことは、八幡神が応神天皇と習合したことである。すでに見たように、石清水八幡宮の祭神は誉田別命、つまりは応神天皇であり、息長帯姫命、つまりはその母神功皇后であり、比咩大神であった。石清水八幡宮では、比咩大神は宗像三女神であるとされるが、応神天皇の妻である仲姫命（なかつひめのみこと）であるともされる。

奈良の薬師寺八幡宮（休丘八幡神社）などには、八幡神、仲津姫命（仲姫命）、神功皇后からなる三神像が伝わっている。八幡神は僧形（そうぎょう）で、神の身を脱するために仏道修行を行っていることを示している。

石清水八幡宮創建の前から八幡神が皇祖神だった

いつの時点で、八幡神が応神天皇と習合したかは分かっていない。

ただ、平安時代初期までに成立したと考えられる宇佐神宮の社伝『宇佐八幡宮弥勒寺建立縁起』では、「大御神は、これ品太天皇（応神天皇）の御霊なり」とされ、６世紀前半から中盤にかけて在位した欽明天皇（第29代天皇）の時代に豊前国宇佐郡御許山（馬城嶺とも）に現れたとされている。それを大神比義（比義とも）が鷹居社を建てて祀り、自らが神を祀る役割を果たす祝となった。その後、現在地の小椋山に遷座（神仏の座を他へ移すこと）している。

　宇佐神宮には、もう一つ、鎌倉時代末期に成立したと考えられる『宇佐八幡宮託宣集』という社伝があるが、そこでも、比義が五穀を断って祈ったところ、三歳の子どもが竹の葉の上に現れ、「吾は是れ日本人皇第16代応神天皇広幡八幡麿也。吾が名は護国霊験威力神通大自在王菩薩で、神道として垂迹せし者也」と告げたとされている。

　現在は神社本庁の総長をつとめる石清水八幡宮の宮司、田中恆清は『謎多き神　八幡様のすべて―石清水八幡宮の宮司が語る』（新人物往来社）という著作において、８６９年（貞観11年）の石清水八幡宮の神に告げ奉られた告文のなかで「石清水の皇大神」とされていたことを指摘している。皇大神は皇祖神を意味する。

　８６９年と言えば、石清水八幡宮が創建されたとされる８６０年からわずか９年しか経っていないが、この時点で、八幡神が皇祖神ととらえられていたことを意味する。宇佐神宮の側に、八幡神を応神天皇と同一だとする伝承があり、あるいはそうした伝承が作られ、それが京の都にも広まったということかもしれない。

その点に関連して、ここで注目しなければならないのは、応神天皇の父親である仲哀天皇のことである。仲哀天皇が、天照大神の御心によって命を断たれたことについては、第1章でふれた。

重要なのは、仲哀天皇が亡くなったとされるのが訶志比宮とされていることである。訶志比宮とは現在の香椎(かしい)宮のことで、それは福岡市東区にある。祭神は仲哀天皇と神功皇后が主神で、応神天皇と住吉大神があわせて祀られている。

『古事記』によれば、仲哀天皇は香椎宮で亡くなっている。九州で亡くなったとされる天皇は仲哀天皇と斉明(さいめい)天皇だけである。斉明天皇（第37代天皇。第35代皇極天皇の重祚）は女帝で、神功皇后は斉明天皇をモデルにしているとも言われる。

記紀神話においては、瓊瓊杵尊(ににぎのみこと)は南九州の高千穂(たかちほ)（宮崎県北西部）に天降り、その曽孫にあたる神武天皇は南九州から東征し、大和に入ったとされている。

神話に語られていることにどれだけ真実が含まれているのかを見定めることは難しい。ただ、初期の天皇にまつわる伝承が九州と深くかかわっていることは注目される。それは、大和朝廷の先駆となる可能性のある邪馬台国が九州にあったという説とも関係するはずである。

源氏の信仰を集め武家の神となった八幡大菩薩

応神天皇の祖先である神武天皇は南九州に生まれた。応神天皇の父親の仲哀天皇は北九州で亡くなった。そして、応神天皇は北九州で渡来人によって祀られていた八幡神と一体のものと考えられ、八幡神は第二の皇祖神の地位を獲得した。

その点にかんして考えなければならないことは少なくないと思われるが、石清水八幡宮の存在が重視されるにあたっては、その地理的な環境が大きかった。

平安京の北東には比叡山延暦寺があった。延暦寺は天台宗の総本山で、最澄が開いたものだが、その創建は平安京に遷都される前のことである。したがって、延暦寺が平安京の鬼門である北東に位置したのは偶然だった。

これに対して、石清水八幡宮の創建は平安京が誕生してからのことである。創建する場所についての選定は、石清水八幡宮が平安京の裏鬼門となるよう方角が考慮されたと考えられる。そのことは、石清水八幡宮が朝廷に重視される決定的な要因となった。

さらに、八幡神が重要な存在とされるにあたっては、すでに述べたように、八幡大菩薩と呼ばれ、神であると同時に菩薩とされたことが大きい。

798年（延暦17年）の太政官符（律令制下における公文書）には、「八幡大菩薩」とあり、奈良時代の終わりには、すでにそうした呼び方が存在したものと考えられる（逵日出典『八幡神と神仏習合』講談社現代新書）。

そして、中世から近世にかけて流行した「三社託宣」という掛軸では、天照大神や春日大明神とともに、八幡大菩薩の神名が掲げられていた。託宣と言えば、一般的にはそのつど神から下されるものだが、この三社託宣の場合には、それぞれの神の託宣の内容は次のように常に定まっていた。

天照皇大神　謀計は眼前の利潤たりと雖も、必ず神明の罰に当る、正直は一旦の依怙に非ずと雖も、終には日月の憐れみを蒙る

八幡大菩薩　鉄丸を食すと雖も、心汚れたる人の物を受けず、銅焰に座すと雖も、心穢れたる人の処に到らず

春日大明神　千日の注連(しめ)を曳くと雖も、邪見(じやけん)の家には到らず、重服深厚たりと雖も、慈悲の室(いえ)に赴くべし

託宣の内容は、通俗的な道徳を説くものであり、託宣を記さず、三柱の神の姿を描いた掛軸もあった。その際には、天照皇大神が女神の姿で描かれ、八幡大菩薩（その際には八幡大神として）と春日大明神（同様に春日大神として）は狩衣烏帽子(かりぎぬえぼし)で馬に乗った姿で描かれるのが一般的であった。

先に引いた日蓮も、「南無妙法蓮華経」の題目を中心に数多くの神仏の名を記した「本尊曼荼羅（法華(ほっけ)曼荼羅とも）」において、必ず、天照大神とともに八幡大菩薩の名を記していた。

そして、八幡大菩薩は、源氏の信仰を集めることで、武家の神となり、全国に勧請されるようになる。鎌倉の鶴岡八幡宮も、石清水八幡宮から八幡神、八幡大菩薩を勧請したものであった。

第3章 賀茂神社

2つの賀茂神社、賀茂別雷（上賀茂）神社と賀茂御祖（下鴨）神社

賀茂神社とは、賀茂別雷（かもわけいかづち）神社と賀茂御祖（かもみおや）神社の総称である。賀茂別雷神社の通称は上賀茂神社で、賀茂御祖神社の通称は下鴨神社である。

二十二社のなかで、二つの神社が同時に含まれるのは、この賀茂神社だけである。丹生川上神社の場合には、上社、中社、下社の3社があげられるが、そのうちの一つが本来の丹生川上神社で、3社すべてがそこに含まれるわけではない。

現在では、上賀茂神社と下鴨神社は別々の宗教法人となっており、組織的には直接の関係はない。二つの神社のホームページを見ても、相手の神社についてはほとんど言及されていない。

ただ、祇園祭や時代祭とともに京都三大祭に数えられている葵祭は、上賀茂神社と下鴨神社の共通の祭であり、そこに両社の強い結びつきが示されている。

そもそも、上賀茂神社の祭神は賀茂別雷大神で、下鴨神社の祭神は玉依姫命と賀茂建角身命で、玉依姫命は賀茂別雷大神の母であり、賀茂建角身命は玉依姫命の父である。

この三柱の祭神の関係について、記紀神話では何も語られていない。そもそも、賀茂別雷大神と賀茂建角身命は記紀神話にはまったく登場しない。

玉依姫命は、『古事記』において勢夜陀多良比売として登場し、初代天皇である神武天皇の母とされる。

三柱の祭神の関係について記しているのが、『山城国風土記』逸文である。逸文ということは、全文が伝えられてはいないということで、他の史料に引用された形でしか残っていない。そこでは、次のように述べられている。

古代の有力者・加茂氏を祀る神社

賀茂建角身命は丹波国神野の神である伊賀古夜日売と結婚し、玉依日子（賀茂県主の遠祖）と玉依日売をもうけた。玉依日売が石川の瀬見の小川で遊んでいたとき、川上から丹塗矢が流れてきた。これを取って床の辺にさしておくと、玉依日売は妊娠し子どもを生んだ。この子どもが成人すると、その祝宴の席で、賀茂建角身命から、「お前の父にもこの酒をあげなさい」と言われ、屋根を突き抜け天に昇っていった。これによって神であることが分かり、賀茂建角身命の名前にちなんで賀茂別雷大神と名付けられた。丹塗矢の方は、乙訓神社の祭神である火雷神であった。

賀茂建角身命については、『新撰姓氏録』に記載がある。『新撰姓氏録』は、８１５年（弘仁6年）に、嵯峨天皇（第52代天皇）が命じて編纂をさせた古代の氏族の名鑑である。

それによれば、賀茂建角身命は、天地開闢のときに、天之御中主神と高御産巣日神の次に成った神産巣日神の孫であるとされる。神武天皇が東征を行ったときに、高御産巣日神と天照大神の命を受けて日向の曽の峰というところに天降る。大和の葛木山に至ったときには、八咫烏（金鵄とも）に化身して神武天皇を先導し、勝利に貢献した。

賀茂神社にかんして重要なことは、それを祀ってきたのが古代の有力な氏族の一つ、賀茂氏だということである。賀茂神社は、賀茂氏の氏神を祀る神社にほかならない。

歴史学者の井上光貞の『日本古代国家の研究』（岩波書店）によれば、賀茂氏は、鴨氏や加茂氏とも称したという。同じ姓の氏族は各地に分布しているが、有力な氏族が二つあった。一つは山城国葛野（かどの）を本拠とするもので、もう一つは大和国葛城（かずらき）を本拠とするものであった。

『日本書紀』などでは、前者は八咫烏を祖とする葛野主殿県主（とのもりあがたぬし）であり、もともとは薪炭や水を朝廷に提供することを任務としていたとされる。律令体制のもとでは宮内省の宮司である主水司（もいとりのつかさ）に属した。

後者は大国主命の子孫とされる大田田根子（おおたたねこ）の後裔、大賀茂都美（つみ）を祖とし、大神神社を祀る三輪氏と同族とされる。奈良県御所（ごせ）市にある賀茂神社を奉斎したことで、賀茂と称した。葛野の賀茂氏と葛城の賀茂氏がどういった関係にあるかははっきりしていない。

賀茂氏は、たんに有力な古代の氏族というだけではなく、八咫烏の伝承を通して、朝廷とかかわりを持っていた。

朝廷との関係の深さは、伊勢神宮と同様に、賀茂神社には「斎王」が差し向けられたことに示されている。斎王の御所は、伊勢神宮では「斎宮」と呼ばれ、賀茂神社では「斎院」と呼ばれた。斎王となるのは、天皇の皇女のうち、親王宣下（せんげ）を受けた内親王か、親王宣下を受けていない女王（じょおう）（皇族女子の身分の一つ）である。

『枕草子』『源氏物語』でも描かれた賀茂祭の情景

なぜ賀茂神社に斎院が設けられたのかについては、鎌倉時代の第91代御宇多天皇のときに成立し、南北朝時代初期まで書き継がれた『一代要記』という年代記に記されている。第51代の平城天皇と弟の第52代嵯峨天皇が対立し、都を平安京から平城京へ戻そうという話になった。その際、嵯峨天皇は、賀茂神社の祭神に対して祈願し、自分の側に利があるなら、皇女を賀茂神社に仕えさせると約束した。810年（弘仁元年）の「薬子の変」では嵯峨天皇が勝利を収めたため、有智子内親王が斎王となった。

賀茂神社の斎王の重要な役割としては、「賀茂祭」を主宰することにあった。賀茂祭は、現在、葵祭と呼ばれることが多い。石清水八幡宮の石清水祭が「南祭」と呼ばれたのに対して、賀茂祭は「北祭」と呼ばれた。平安時代に祭と言えば、賀茂祭のことをさした。また、賀茂祭は、石清水祭と春日大社の春日祭と並んで、朝廷から勅使が送られる「三勅祭」ともされた。

『続日本紀』には、698年（文武天皇2年）に山城国司が賀茂祭を行ったと記されている。年中行事についてまとめた平安時代中期の『本朝月令』に引用された「秦氏本系帳」では、賀茂祭の起源は、欽明天皇（第29代天皇）の時代に、暴風雨の害が起こり、占いの結果、賀茂神の祟りによるとされたという。そこで、4月吉日を選び、馬に鈴をかけて走らせたところ、五穀成就豊年を迎えることができた。それが賀茂祭の由来となったというのである。

清少納言の『枕草子』には、賀茂祭の情景が描かれ、京の人々がそれをいかに楽しみにしていたかがつづられている。紫式部の『源氏物語』でも、源氏が賀茂祭の主役である「勅使代（ちよくしだい）」をつとめたとされ、高貴な女性たちが、源氏の晴れ姿を見ようと、牛車で早朝から場所争いをするシーンが登場する。

賀茂祭が行われる際には、宮中でも各種の行事が営まれた。

祭の前日までには祭使が選ばれ、天皇が賀茂神社に奉納される馬を見学し、社頭（しやとう）（社殿の前）で奉納される舞楽が試演された。試演を天皇が見ることもあった。当日、天皇は身を浄め、清涼殿で賀茂神社に奉る幣帛に拝礼し、その後、王や公卿が清涼殿に入り、祭使や舞人（まいびと）や管絃を奏する人間は東庭（とうてい）で酒を酌み交わした。彼らは、いったん退出し、ふたたび東庭に入って舞楽を披露した。それから、賀茂神社に向かった（佐々木恵介『天皇と摂政・関白（天皇の歴史3）』講談社学術文庫）。

賀茂祭が盛大に営まれ、それが京の人々にとっての大きな楽しみとなることで、賀茂神社の存在意義はより大きなものになっていった。それは反対に、伊勢神宮への関心を失わせることにもつながっていった。第2章で、鎌倉時代の日蓮が、朝廷の帰依が伊勢神宮よりも石清水八幡宮や賀茂神社に向けられていることを指摘したのを見たが、その傾向は、すでに平安時代からはじまっていたと考えられる。

なぜ賀茂神社は2つに分かれているのか

また、10世紀半ばからはじまる、天皇による神社への行幸も、942年（天慶5年）に、第61代の朱雀天皇が賀茂神社へ行幸したのが史料的に確実な最初の事例である。その後、石清水八幡宮や、第5章で取り上げる平野神社へも天皇が行幸している。

頻繁に神社行幸を行ったのが、第66代の一条天皇で、在位しているあいだに11度に及んだ。対象は、石清水八幡宮、賀茂神社、春日大社、平野神社、大原野神社、松尾大社、北野天満宮に及んだ。

一条天皇は、即位してすぐに石清水と賀茂に行幸し、その後、他の神社に行幸している。その対象は七社に及んだが、その後、在位期間が短かった三条天皇（第67代天皇）は石清水と賀茂に限られたものの、それに続く後一条、後朱雀、後冷泉の各天皇は、一条天皇と同じ順番で七社に行幸している。後三条天皇以降は、そこに日吉大社、伏見稲荷大社、八坂神社が加わり、合計で十社となったが、行幸する順番は踏襲された。いずれも二十二社に含まれる。

神社へ行幸する際には、行列が組まれた。一条天皇のときには、天皇と同じ輿には摂政関白太政大臣の藤原兼家の次女で、天皇の生母となった詮子が乗った。そして、摂関家は、他の貴族たちが天皇の行列に加わっていたのとは別に、最後尾から車を進めていった。前掲の佐々木は、「行幸を通じて王権の実体や摂関の権威が示されている」ことを指摘している（同書）。

賀茂神社にかんして一つ大きな問題になるのは、なぜ上賀茂神社と下鴨神社の二つに分かれているのかということである。

『山城国風土記』逸文では、「可茂の社」が登場する。これは、現在の下鴨神社を流れる小川を上ったところにある「久我の国の北の山基」に鎮座したとされる。久我の国とは、賀茂川上流地方の古い時代の呼び名であり、北の山基は現在の上賀茂神社の西、西賀茂の大宮の森である。そこは下鴨神社のかつての社地であったとされる（『風土記（日本古典文学大系2）』岩波書店の注釈を参照）。

　これに該当するのが京都市北区紫竹下竹殿町にある久我神社である。久我神社は現在、上賀茂神社の境外摂社とされている。ただし、『延喜式神名帳』では式内社となっており、古くから祀られていた。

　また、『山城国風土記』逸文では、下鴨神社の祭神である賀茂建角身命とその妻丹波の伊可古夜日女（伊賀古夜日売）とともに、娘の玉依日女（売）を祀るものとして、「蓼倉の里、三身の社」の名があげられている。三身の社は、後に三井の社となったとされ、下鴨神社では、本殿の西に三井神社が祀られている。ただし、蓼倉の里は下鴨神社の北の地域をさし、三井の社の古い社地も東北の方にあったと考えられる（同書）。

下鴨神社の境内に広がっていた、今はなき原生林・糺の森

下鴨神社にかんして、もっとも注目されるのが、左京区上高野東山町にある御蔭神社である。この神社は下鴨神社の境外摂社とされ、祭神は下鴨神社と共通している。

　御蔭神社が注目されるのは、賀茂祭が行われる5月15日に先立って12日に行われる「御蔭祭」の存在である。この日、下鴨神社を出発した行列は御蔭神社に向かい、御蔭神社の祭神を連れてくる。現在の説明では、連れてくるのは祭神である賀茂建角身命と玉依日女

の荒御魂（あらみたま）であるとされる。それが、下鴨神社の和御魂（にぎみたま）と一つになり、祭において再生されるというのである。

荒御魂と和御魂は、荒魂と和魂とも言うが、前者が神の荒々しい側面を示し、後者は優しい側面を示すとされる。しかし、これは後の解釈であり、天武天皇が677年（天武天皇6年）に造営した賀茂神社は、御蔭神社をさすのではないかと考えられる。御蔭神社のある御蔭山は下鴨神社の神体山ともされている。御蔭山は御生山（みあれやま）とも呼ばれ、それは神が現れた山を意味する。

上賀茂神社の場合にも、神体山とされる山が存在している。それが、上賀茂神社の北、2・5キロのところにある神山（こうやま）である。神山は標高301メートルのお椀型の山のことである。山頂付近には、上賀茂神社の祭神、賀茂別雷大神が降臨したと伝えられる磐座がある。上賀茂神社の細殿（ほそどの）と呼ばれる拝殿の前には、一対の円錐形の「立砂（たてずな）（盛砂とも）」がある。これは、神山を象（かたど）ったものとされている。

第2章で、神社のもともとの形は神体山に対する信仰にあるということを指摘したが、神体山には磐座があり、それこそが神社祭祀の原型と考えられる。賀茂神社も、御蔭山と神山こそが、その信仰がはじまった場所なのではないだろうか。

それに関連して注目されるのが、下鴨神社の境内に広がる原生林、「糺の森」である。現在の糺の森は約12万4千平方メートルある。東京ドーム3個分の広さである。

平安時代の糺の森は、約495万平方メートルもあったとされる。現在のおよそ40倍である。広大な鎮守の森である。

下鴨神社の社殿の手前には南口鳥居があるが、その横を奈良の小川が流れ、瀬見の小川へと続いている。この小川は、平安時代には現在とは違うところを流れており、それが復元されている。その復元された流路の横では祭祀遺跡が発掘されている。

遺跡は、平安時代後期のもの、それ以降のもの、江戸時代のもの、そして現代のものに分かれているが、平安時代後期、つまりは、二十二社が定められた時代には、森のなかで祭祀が行われていたことになる。残念ながら発掘されたものは多くはないが、祭壇状の遺構もある。これは、平安時代後期の下鴨神社には祭祀を行うための恒常的な社殿が存在していなかった可能性があることを示している。

ただし、このことを史料から証明することは難しい。というのも、応仁の乱によって京都の町が荒廃したせいなのだろう、江戸時代にかつての京都の姿を復元した地図はあるものの、実際の古い地図は存在していないように思われるからである。

したがって、糺の森や賀茂神社がどういった形をとっていたかははっきりしない。だが、神体山や鎮守の森で行われる祭祀が信仰の中心をなしていたのではないかと考えられるのである。

第4章 松尾大社

祭神・大山咋神は酒造の神として有名だが、それは室町以降の話

松尾大社は、「まつのおたいしゃ」と読む。神社の側がそのように称している。しかし、最寄り駅である阪急嵐山線の松尾大社駅は、「まつおたいしゃえき」と読む。まぎらわしいが、実際には、どちらの読み方も用いられている。

祭神は、大山咋神（おおやまぐいのかみ）と中津島姫命（なかつしまひめのみこと）である。『延喜式神名帳』では、「松尾神社二座」と記されており、古来から二柱の神が祀られてきたことが分かる。中津島姫命は宗像三女神の一柱、市杵島姫神の別名である。

『古事記』によれば、大山咋神は、近江国の日枝山と、松尾大社が鎮座する葛野（かづの）の2箇所で祀られているとされる。日枝山は比叡山のことで、土地の神である。比叡山延暦寺の守

護神を祀る日吉大社の東本宮では大山咋神が祭神になっている。咋は杭のことであり、大山咋神は山の地主神としてとらえられる。

現在、松尾大社の大山咋神は酒造の神として信仰を集めている。神輿庫には、全国各地の酒造メーカーから寄進された菰樽が並んでいる。

二十二社のなかでは、中七社の大神神社も、下八社の梅宮大社も酒造の神として信仰を集めている。古代から中世において、酒造が神道の祭祀において重要な役割を果たしていたことは、天皇の代替わりの際に行われる大嘗祭を見れば明らかになる。

大嘗祭では、神に供える酒を醸す役割を果たす「造酒児」という若い乙女が登場する。大嘗祭が行われる際には、神に供する米を作る悠紀国と主基国が亀卜によって選定される。それぞれの国で作られた米が神饌となり、同時に神に供える酒となった。

近代の大嘗祭では造酒児は登場しないが、古くは酒造ということが大嘗祭のなかで重要な意味を担っていた。それからすれば、朝廷と深い関係を持つ二十二社のなかに、酒造の神が含まれるのも不思議ではない。

松尾大社で神事の際に奉納される狂言に「福の神」というものがある。この狂言においては、松尾大社の祭神は「神々の酒奉行である」とされる。ただ、狂言は室町時代に生まれた芸能である。松尾大社の祭神を酒造の神とする、これよりも古い史料は存在しない。したがって、室町時代以前には松尾大社と酒造との関係はなかった可能性が考えられる。少なくとも、松尾大社が二十二社に含まれたのは、酒造の神を祀っていたからではない。

松尾大社は平安時代に入る前から祀られていたようで、神社の側は、飛鳥時代よりも古くからこの地で神が祀られていたとする。平安京への遷都が行われると、前の章でふれた東の賀茂神社とともに「東の厳神、西の猛霊」と並び称された（藤原兼輔編『聖徳太子伝暦』917年成立）。猛霊は勇猛な神霊を意味するが、荒御魂であるともされる。下鴨神社の境外摂社である御蔭神社に賀茂建角身命と玉依日女の荒御魂が祀られていることについてもふれたが、それとの関連が注目される。

前の章でもふれた『本朝月令』に引用されている「秦氏本系帳」では、市杵島姫命が戊辰年に松埼日尾（日埼岑とも）に天降ったとされている。その後の部分に、701年（大宝元年）のことが出てくるので、この戊辰年はそれ以前、つまりは668年（天智7年）か、それよりさらに前の戊辰年と考えられる。

渡来人・秦氏は卓越した機織り技術を持ち朝廷に絹を献呈していた

大宝元年には、秦忌寸都理（はたのいみきとり）によって、松埼日尾から松尾に市杵島姫命が勧請されたともされている。平安時代後期の有職故実書（ゆうそくこじつ）である『江家次第（こうけしだい）』の「松尾祭」の条では、その年に秦都理は社殿の造営をはじめたとある。

問題は、松埼日尾がどこかということになる。松尾大社の社殿の背後には神体山として松尾山（別雷山（わけいかづちのやま）とも）があり、その山頂に近い大杉谷の斜面には磐座が存在している。当初は、この磐座において祭祀が行われたものと考えられる。

『江家次第』では、秦都理とともに秦知麻留女（はたのちまるめ）という巫女にも言及されている。この巫女の子である秦忌寸都賀布（はたのいみきつがふ）が祝として松尾大社の祭祀を司ったとされている。松尾大社は、秦氏（はたうじ）が祭祀をつとめる神社なのである。

秦氏は、漢氏（あやうじ）と並ぶ中国系の渡来人である。秦の始皇帝の子孫と称する弓月君（ゆみづきのきみ）に率いられて応神天皇の時代に朝鮮から渡来したとされる。ただし、これはあくまで伝説で、秦氏は中国系ではなく新羅系ともされる。

重要なのは、秦氏が機織り（はたお）の技術を持っていて、絹を日本の朝廷に貢進するとともに、朝廷の蔵を管理し、財政を司ったことである。また、鋳工（ちゅうこう）や木工などの技術を持ち、鉱山開発や灌漑、土木事業を進めた。秦氏の秦河勝が皇太子となった聖徳太子に仕えたこととは、朝廷において秦氏がかなりの力を有していたことを示している。

前の章で、賀茂神社の三柱の祭神の関係について、『山城国風土記』逸文で、丹塗矢の話が出てくることにふれた。実は、この話は、「秦氏本系帳」でも語られていて、なおかつその後には、秦氏女子のこととして、ほぼ同じ話が紹介されている。ただ、こちらの話では、矢をさし置くことで秦氏女子から生まれた子どもは、天に昇る際に雷公になったとされている。雷公は、かみなり、もしくは雷神のことである。

そして、「故、鴨上社を別雷神と号け、鴨下社を御祖神と号く。戸の上の矢は松尾大明神、是なり。是を以ちて、秦氏、三所の大明神を奉祭る」と述べられている。

また、『続日本紀』の745年（天平17年）9月癸酉のくだりには、聖武天皇が病に陥った際、賀茂神社と松尾大社に奉幣が行われたとされている。

さらに、神紋が葵であることも両社で共通している。

松尾大社の祭礼である松尾祭は、「神幸祭」と「還幸祭」から構成されている。神幸祭の方は4月20日前後に行われるもので、松尾七社（大宮社、月読社、櫟谷社、宗像社、三宮社、衣手社、四之社）の神輿（月読社だけは唐櫃）が、桂川を船で渡り、唐櫃を含めた

4基が西七条御旅所に、2基が西京極の川勝寺と郡の衣手神社の御旅所に至る。

祈雨や祈晴だけでなく国の重大事にも朝廷から奉幣されていた松尾大社

還幸祭はその3週間後に行われる。神輿と唐櫃は西寺跡の「旭の杜（唐橋西寺公園）」に集合し、そこで祭事を行う。西寺は、東寺とともに平安京の官寺だった。途中、朱雀御旅所に立ち寄り、七条通を西に進んで旧街道を経て本社に戻る。重要なのは還幸祭の方で、本殿や神輿、神職の冠や烏帽子などを葵と桂で飾ることから、葵祭と呼ばれる。

このように、松尾大社は賀茂神社と密接な関係を持っている。だからこそ、両社は、「東の厳神、西の猛霊」と並び称されたわけである。賀茂神社には、古代の有力な氏族である賀茂氏がかかわっていたが、松尾大社では渡来系の有力な士族、秦氏がかかわっていた。有力であるということは、朝廷と密接な関係があるということであり、そこから松尾大社は二十二社の上七社に含まれることとなったのである。

松尾大社の場合、784年（延暦3年）11月20日に従五位下の神階を授けられている（『続日本紀』）。それから、順調により高い神階を授けられるようになり、881年（元慶5年）頃には最高位の正一位勲一等を与えられている。

神階の上昇にともなって、朝廷からさまざまな奉幣が行われることになる。そのなかには、祈雨や祈晴が目立つ。雨が降らないとき、あるいはその反対に雨が降り続くときに、雨や晴れを求めて奉幣が捧げられたのである。

そこには、松尾大社の祭神の一柱である中津島姫命が宗像三女神に含まれる市杵島姫神であることが関係している。宗像三女神は、海の神であり、水の神である。だからこそ、松尾大社に対して祈雨や祈晴の奉幣が行われた。

『延喜式』巻3「臨時祭」では、「祈雨神祭八十五座」があげられている。神社の数は52社で、畿内の山城国・大和国・河内国・和泉国・摂津国に分布している。そのなかに含まれる二十二社は、賀茂、松尾、稲荷、貴船、大和、大神、石上、廣瀬、龍田、丹生、住吉、廣田の十二社である。

松尾大社には、国にかかわる重大な出来事が起こった際にも奉幣が行われている。そうした出来事には、天皇の即位、改元、大極殿（だいごくでん）（朝廷の正殿）の焼失や造営などについての報告が含まれる。

二十二社のなかには、丹生川上神社や貴船神社のように、祈雨や祈晴の奉幣は行われても、国の重大な出来事にかんしては奉幣が行われないところがある。逆に、国の重大な出来事が報告される神社は、平野神社、春日大社、大原野神社、石清水八幡宮などである。こうした神社は、祈雨や祈晴のための神社よりも重要度が優っていると考えられる。

松尾大社が、祈雨や祈晴とともに、国にかかわる重大な出来事を報告する際の奉幣にあずかっていたということは、それだけ重要な存在であったことを意味する。そこには、松尾大社が平安遷都の際に貢献した秦氏の氏神が祀られ、賀茂神社と並んで王城鎮護の役割を果たしていたことが関係していたのである（松原誠司「二十二社制の成立に関する覚書―松尾社を中心に」『史学研究集録』12）。

第5章 平野神社

今では注目されることは少ないが、重要な神社

清少納言の『枕草子』第273段には、次のようにある。

神は松の尾。八幡、この国の帝にておはしましけむこそ、めでたけれ。行幸などに、水葱の花の御輿にたてまつるなど、いとめでたし。大原野。春日、いとめでたくおはします。平野は、いたづら屋のありしを、（清少）「なにする所ぞ」と問ひしに、「御輿宿り」と言ひしも、いとめでたし。斎垣に蔦などのいと多くかかりて、紅葉の色々ありしも「秋にはあへず」と、貫之が歌、思ひいでられて、つくづくと久しうこそ立てられしか。みこもりの神、またをかし。賀茂、さらなり。稲荷。

（石田穣二訳注『新版枕草子』角川ソフィア文庫）

このなかで清少納言があげている神社は、松尾、八幡、大原野、春日、賀茂、稲荷といずれも二十二社であり、そのなかに平野神社も含まれている。平野神社には使われていない空き家があったので、「何をするところか」と尋ねてみると、「神輿が止まるところである」という答えが返ってきたというのだ。清少納言は、平野神社の斎垣に蔦がかかっていて、それが紅葉しているのを見て、紀貫之の歌を思い起こし、しばしそこに車を止めていた。貫之の歌は、「ちはやぶる神のいがきに這ふ葛も　秋にはあへずうつろひにけり」（『古今和歌集』）というものである。

平野神社は、北野天満宮のすぐ西側にある。天満宮の方が境内が広く、また参拝客も多いため、平野神社は注目されることが少ないが、それはかなり重要な神社である。

大江匡房が書いた「左大臣家平野建立堂願文」には、「そもそも平野明神は、本朝の宗廟なり」と記されている。宗廟は祖先の霊を祀るところだが、本朝であるということは皇祖神を意味する。

平野神社にかんして、何よりも注目されるのが、その祭神である。本殿は四殿二棟からなっているが、そこに祀られた四柱の祭神は次のようになっている。

第一殿　今木皇大神（いまきのすめおおかみ）
第二殿　久度大神（くどのおおかみ）
第三殿　古開大神（ふるあきのおおかみ）
第四殿　比売大神（ひめのおおかみ）

多くは名前を聞くことの少ない神々である。第一殿と第二殿に祀られた神々は、平野神社でしか祀られていない。第四殿の比売大神は、さまざまな神社で祀られており、主たる祭神の妻であることが多い。ただし、平野神社の比売大神については、その性格は分かっていない。

もっとも注目されるのは、主神とされる今木皇大神である。そこに「皇」の字が用いられているということは、今木皇大神が皇祖神（皇室の祖とされる神）であることを意味する。

ここまで見てきた神社のなかで、皇祖神を祀るのは伊勢神宮と石清水八幡宮である。この二つの神社は「二所宗廟」と呼ばれ、天照大神と八幡神という二柱の皇祖神を祀ることで、朝廷の信仰を集めてきた。

今木皇大神もそのなかに加わる可能性があり、第三の皇祖神であると言える。平野神社が二十二社に含まれるのも、このことが深く関係している。

平野神社では、創建1200年を記念して、1993年に古代史の上田正昭監修のもと『平野神社史』（非売品）を刊行している。その第一章が「平野神社の創建」だが、そこではまず、桓武天皇（第50代天皇）のことについて述べられている。桓武天皇は、平安京への遷都を行ったことで知られる。

桓武天皇の父は光仁天皇（第49代天皇）であり、母は高野新笠である。光仁天皇は即位する前に白壁王と呼ばれていた。白壁王の父は施基皇子で、施基皇子は天智天皇の第7皇子であった。

ただし、天智天皇の後には天武天皇が即位し、その後、皇位は持統天皇（第41代天皇）、文武天皇、元明天皇、元正天皇、聖武天皇、そして孝謙天皇に受け継がれた。このうち、持統、元明、元正、孝謙は女帝であった。女帝は、好ましい男子皇位継承者がいないときの代役である。女帝が多かったところには、当時、皇位継承に苦労していたことがうかがえる。

孝謙天皇は男子の淳仁天皇に位を譲るが、その後重祚して称徳天皇として即位する。女帝であり、夫もいなかったため、後継者はなかった上に、生前にそれを定めていなかった。そこで、8親等も離れている白壁王に白羽の矢が立ち、光仁天皇として即位することになるのだが、そのとき、白壁王はすでに62歳になっていた。史上最高齢での皇位継承で、その後もその記録は破られていない（なお、第二位は新しく天皇になった徳仁親王である）。

現代の民法では、6親等内を血族としている。その基準をあてはめるならば、光仁天皇は称徳天皇の血族ではなかった。血のつながりはあっても、かなり遠い。それに、皇統は、天武天皇の系統から天智天皇の系統に移っていた。そうした点を踏まえると、光仁天皇が即位することによって、王朝の交代が起こったと見ることもできる。その点は、平野神社の祭神について考えるときに重要な意味を持ってくる。

その後、山部親王と称していた桓武天皇が即位することになるのだが、光仁天皇には聖武天皇の娘である井上内親王が皇后になっていて、他戸皇子をもうけていた。他戸親王は皇太子にも擁立された。ところが、白壁王を即位させることに貢献した藤原百川などのはかりごとによって、皇后は呪詛を行ったとして廃され、他戸親王も追放されてしまった。

この母子は同じ日に亡くなっているので、殺されたのだろう。これによって、山部親王が皇太子となり、光仁天皇の譲位によって桓武天皇として即位した。

渡来系である母・高野新笠と桓武天皇の関係

一つ注目しなければならないのは、桓武天皇の生母である高野新笠の存在である。『続日本紀』では、「皇太后姓は和氏、諱は新笠、贈正一位乙継の女なり。母は贈正一位大枝朝臣真妹なり。后の先は百済武寧王の子純陁太子より出ず」とされ、さらに「皇太后曰く、其れ百済の遠祖都慕王は河伯の女日精に感じて生めるところなり」とある。河伯は河の神で、日精は太陽の精である。

高野新笠は、百済の武寧王につらなる和氏の出身だというのである。武寧王は百済の第25代の王で、６世紀のはじめに在位した。都慕王は、高句麗の初代の王で、その生まれが示しているように神話上の人物である。『続日本紀』が伝えるところがどこまで歴史上の事実なのかは不確かだが、和氏が百済からの渡来系氏族であることはたしかだろう。桓武天皇は渡来人の血を引いていたことになる。

桓武天皇は、７８４年（延暦３年）に長岡京を造営している。平城京からの遷都である。

そして、その翌年、785年には、交野柏原(現在の大阪府枚方市)で、天神の「郊祀」を行っている。郊祀とは、中国の古代において、皇帝が郊外の野原で天壇を築いて行った天神を祀る行為をさす。中国では慣例になっていたが、日本では桓武天皇がはじめて行っている。郊祀は787年にも行われた。桓武天皇以外に郊祀を行った天皇はいない。

郊祀が行われた交野柏原は長岡京の南に位置し、7世紀なかばに在位した百済の義慈王の流れをくむ百済王氏の本拠とされる土地である。桓武天皇は、790年の詔で、「百済王らは朕の外戚なり」と明言していた。桓武天皇は、長岡京への遷都によって新たな王朝を打ち立てようとしていることを自覚し、その正統性を百済王の血を引いているところに求めた。さらには中国の皇帝にならって郊祀を行うことで、新王朝の基盤を固めようとしたのである。

新たな王朝には、新たな神が求められる。それが、平野神社の創建に結びついたと考えられる。

平野神社の創建にかんしては、第3章でもふれた『一代要記』には、「延暦13年甲戌、今年始めて平野社を造る」とあり、他の史料からも、平安京に遷都された延暦年間に創建されたものと推測される。

『延喜式神名帳』では、平野神社の祭神は「平野祭神四座」とある。ただし、『本朝月令』に引用された詔、勅、太政官符などの集大成である「貞観式」では、「平野、是(これ)惣号にして一神名に非ず、今木・久度・古開の三神を祭祀し、更に相殿比売神一座を加ふべし」と述べられている。最初、今木・久度・古開の三神が祀られ、後に比売神が加えられたというのである。

祭神のなかで中心となるのが今木神である。平野神=今木神とする史料も多い。この神名については、今木とは今来、つまりは新しく渡来したことを意味するという説がある。これについては音韻の問題もあり、はっきりしない。『延喜式』に掲載された平野祭の祝詞では、「今木より仕奉来る(つかえまつりきた)皇大御神」とあるが、これも、今木を地名とするか、「新しく渡来してより今にいたるまで奉斎してきた皇大御神」とするかで解釈が分かれている。ただ、『延喜式』が編纂された平安時代中期には少なくとも、今木神は皇祖神としてとらえられていたことになる。

相次いだ天皇の行幸

久度神については、『続日本紀』783年(延暦2年)12月15日のくだりに、「大和国平郡神久度神を従五位下に叙して官社となす」と記されている。その場所には現在でも久度神社が鎮座し、久度神も祭神のなかに含まれている。久度神社は、中七社の龍田大社や廣瀬大社に近い。高野新笠の父である和乙継の墓は、久度神社と地域的に隣接している。久度神社の久度神が平野神社に勧請されたものと考えられる。

なお、久度とは竈（かまど）のことであり、久度神は竈の神である。古開神は、平野神社でしか祀られていないが、久度神と一体の関係にある。比売神が合祀されたのは、８３６年（承和（じょうわ）３年）以降のことである。

今木神が皇祖神である以上、神階の上昇も著しかった。７８２年（延暦元年）には、今木神は従四位上を授けられ、８６４年（貞観６年）には正一位にまでのぼりつめている。久度神と古開神は従五位下から従三位、比売神も従五位下から従四位下に上昇した。８５１年（仁寿（じんじゅ）元年）には「平野神宮」とも呼ばれている。当時、神宮と称されるのは伊勢神宮と石上神宮に限られた。

平野神社にはそれだけ朝廷からの篤い信仰が寄せられたわけで、天皇の行幸も相次いだ。記録に残っているだけでも、９８１年（天元（てんげん）４年）から１１７９年（治承（じしょう）３年）まで、19回にも及んでいる。１０９０年（寛治（かんじ）４年）の行幸の際には、雅楽を演奏し舞人が舞う

「東遊」のほか、さまざまな芸能が演じられた。

最初に平野神社に行幸したのは円融天皇（第64代天皇）だが、その際に、近くにあった施無畏寺を平野神社の神宮寺に転用している。施無畏は観音の別名だが、江戸時代には廃寺になってしまった。

二十二社についての基本的な文献である『二十二社註式』は室町時代に編纂されたものだが、そこでは、今木神は日本武尊であるとされていた。久度神は仲哀天皇、古開神は仁徳天皇（第16代天皇）、比売神は天照大神であるともされていた。

さらに、今木神は源氏の氏神、久度神は平家の氏神、古開神は高階氏の氏神、比売神は大江氏の氏神ともされていた。平野神社の境内には縣神社があり、祭神は天穂日命とされるが、この神は天照大神の子であり、中原、清原、菅原、秋篠の四姓の氏神ともされている。

これで、平野神社の祭神は八つの氏族の氏神とされているわけだが、室町時代後期から戦国時代にかけての公家である三条西実隆の日記『実隆公記』では、「凡そ当社は、八姓の祖神にして、一朝の宗廟なり。尤も崇敬すべき者なり」とある。

この八つの氏族のなかで、源氏や平家は天皇家に遡り、大江氏、菅原氏、秋篠氏は土師氏に遡る。高野新笠の母は土師真妹であった。

平野神社は、平安京遷都によって生まれた「桓武王朝」の氏神として極めて重要な神社となった。平野神社で祀られた今木神は、日本土着の神ではなく、百済系渡来人がもたらした新たな神だった。桓武王朝は百済系の王朝として生まれ、平安京を日本の都、日本の中心へと押し上げたのである。

第6章　伏見稲荷大社

千本鳥居は明治政府の神仏分離政策によって建てられた

伏見稲荷大社と言えば、京都の市民がこぞって初詣に行く神社として知られる。そして、おびただしい数が建てられた千本鳥居は、テレビのコマーシャルにも頻繁に登場し、伏見稲荷大社のトレードマークになっている。

千本鳥居は、伏見稲荷大社の本殿の背後にある海抜233メートルの稲荷山に建っている。稲荷山に足を踏み入れ、奥宮を過ぎたあたりからはじまり、最初は一列だが、二股になったところからは二列に分かれる。ここがコマーシャルでも使われる千本鳥居で、それを越え、奥社奉拝所を過ぎるとまた一列になる。それ以降は、二列のところはなく、途中途切れるところはあるものの山頂まで続いていく。

1925年（大正14年）に出版された『伏見稲荷　全境内名所図絵』は、3000点以上の鳥瞰図を作ったことで知られる絵師の吉田初三郎の手になるものだが、この図会にも千本鳥居が描かれている。

ところが、江戸時代の1780年（安永9年）に刊行された京都の名所案内である『都名所図会』になると、鳥居は参道の手前に一本あるだけで、千本鳥居はまったく描かれていない。寛文年間（1661〜1673年）に原図が描かれたとされる「稲荷山寛文之大絵図」でも、稲荷山全体が描かれてはいるものの、そこに千本鳥居を認めることはできない。

意外なことかもしれないが、江戸時代には、伏見稲荷大社に千本鳥居は存在しなかったのだ。

千本鳥居が建てられるようになるのは、明治時代になってからである。そこには、現在、稲荷山に数多く建てられている「お塚」の信仰が深くかかわっている。お塚は石碑で、そこには「白菊大神」や「岩滝大神」といった神名が記されている。

お塚が稲荷山に建てられるのは明治に入ってからである。1902年（明治35年）の時点で、お塚は633基にものぼった。その後、数は増え続け、現在では1万基を超えるとされている。

それぞれのお塚には、大小入り交じった形で朱色の鳥居が奉納されている。それから考えれば、お塚が建てられるようになり、そこに奉納するために次々と鳥居が建てられ、千本鳥居に発展していったものと考えられる。

なぜ、お塚が建てられるようになったのだろうか。そこには、明治政府が推し進めた「神仏分離」との関連が指摘されている。

清少納言も稲荷山詣に挑んだが挫折し悔し涙を流した

それまで、伏見稲荷大社には愛染寺(あいぜんじ)という神宮寺があった。これは、真言宗(しんごんしゅう)の東寺(とうじ)の末寺である。愛染寺が神仏分離で排除されると、そこを基盤に信仰活動をしていた人々が、新たな信仰対象として稲荷山にお塚を建てるようになったのではないかというのだ(「朱」編集部「稲荷山のお塚について」『朱』36号、1993年)。

ただ、稲荷山に数多くのお塚が建てられ、おびただしい数の鳥居が奉納されるようになったのも、稲荷山が昔から人々の信仰を集めていたからである。

ここで前の章に引き続いて清少納言に登場してもらうことにする。『枕草子』の第15

3段「うらやましげなるもの」では、稲荷山詣について次のような形で書かれている。

稲荷に思ひおこして詣でたるに、中の御社のほどの、わりなう苦しきを念じ登るに、いささか苦しげもなく、遅れて来と見る者どもの、ただ行きに先に立ちて詣づる、いとめでたし。二月午の日の暁に急ぎしかど、坂のなからばかりに歩みしかば、巳の時ばかりになりにけり。やうやう暑くさへなりて、まことにわびしくて、など、かからでよき日もあらむものを、なにしに詣でつらんとまで、涙も落ちて休み極ずるに、四十余ばかりなる女の、壺装束などにはあらで、ただひきはこえたるが、(女)「まろは、七度詣でしはべるぞ。三度は詣でぬ。いま四度はことにもあらず。まだ未に下向しぬべし」と、道にあひたる人にうち言いて、下り行きしこそ、ただなる所には目にもとまるまじきに、これが身にただ今ならばやとおぼえしか。

清少納言は貴族の娘で、歌人として知られていた。その姿は、百人一首のかるたなどに描かれているが、そうしたときは十二単を着ている。そんな清少納言が稲荷山を登っている姿は想像しにくいが、このとき彼女は、平安時代の女性の旅姿である壺装束であったらしい。壺装束とは、「衣や小袖を着た上から、別の衣や小袖を頭上にかぶって顔をあらわにせず、裾を引上げて腰のあたりに紐で結んだ装い」（『ブリタニカ国際大百科事典』）である。壺装束は時代劇によく登場する。

今でも、2月最初の午（うま）の日は、「初午」と呼ばれ、伏見稲荷大社だけではなく、各地の稲荷神社の祭日となっている。清少納言は、初午に稲荷山詣をしている。勇んで早朝に出てきたものの、道が険しく難儀し、悔し涙さえ流している。そんなところに、普段着の40過ぎの女性が通りかかる。彼女は7回登ることをめざしていて、これが3回目だという。清少納言は、この女性のことばに励まされているが、おそらく、二度と稲荷山には登らなかったのではないだろうか。この文章からすると、平安時代中期において、稲荷山詣はかなり盛んで、多くの登山者があったことが分かる。

清少納言は、「中の御社」まで登っているが、そこは現在、二ノ峰と呼ばれている。稲荷山には、いくつか小山があり、それは一ノ峰、二ノ峰、三ノ峰、間ノ峰（あいのみね）、荒神峰（こうじんみね）などと呼ばれている。現在では、それぞれの場所にお塚が建てられ、社殿もあってそれぞれが神社のようになっている。

5つの祭神からなる稲荷神

峰は、かつては塚と呼ばれていた。伏見稲荷大社の神職をしていた秦長種(はたのながたね)が残した「稲荷山山頂図」(1531年頃)では、上ノ塚、中ノ塚、下ノ塚、人呼塚(ひとよびづか)(命婦塚(みようぶづか))、荒神塚と記されている。こうした呼び名がお塚にも反映されたと考えられるが、この図には、劔(つるぎ)石(いし)(雷石(かみなりいし))という大きな岩も描かれている。この石については、現在、御劔社(みつるぎしや)として祀られている。

『枕草子』が完成したのは1001年頃のこととされる。二十二社が最終的に定まるのは1039年のことで、清少納言の生きた時代(966年頃~1025年頃)には、十六社が二十一社にまで拡大されていった。その頃の伏見稲荷大社は、現在とはかなり異なる形をとっていた。

平安時代末期に成立した『今昔物語』でも、初午のときに、着飾って稲荷山詣に行く人々が多いことを伝えている。

伏見稲荷大社の祭神は「稲荷神」だが、それは次の五柱の神から構成されている。

宇迦之御魂大神(うかのみたまのおおかみ)

佐田彦大神(さたひこのおおかみ)
大宮能売大神(おおみやのめのおおかみ)
田中大神(たなかのおおかみ)
四大神(しのおおかみ)

このうち、田中大神と四大神は由緒のはっきりしない神であり、伏見稲荷大社を含め稲荷神社でしか祀られていない。

佐田彦大神は、猿田彦神の別名ともされ、宇迦之御魂大神(『古事記』では宇迦之御魂神)や大宮能売大神とともに、記紀神話に登場する。ただし、記紀神話において、宇迦之御魂大神などが稲荷神であるとされているわけではない。その点で、稲荷神が神話に由来する神であるとは言えない。

朝廷における年中行事について記した13世紀終わり鎌倉時代の『年中行事秘抄』では、伏見稲荷大社について、「くだんの社、立ち始め、祭り始めの由、たしかなる所見無し。ただし彼の社の禰宜(はふり)祝らが申状にいう、この神、和銅(わどう)年中、始めて伊奈利山の三箇峰の平処にあらわれ在したまふ」と述べられている。稲荷神の起源についてはっきりしたことは分かっていないが、和銅年間、西暦で言えば７０８年から７１５年のあいだに、伊奈利山にある三つの峰の平らになった場所にあらわれたというのである。

ただ、奈良時代初期に成立した『山城国風土記』逸文には、すでに伏見稲荷大社のことが出ている。そこでは、「紀伊郡伊奈利の社、伊奈利ととなえるは、秦中家忌寸らが遠祖、伊呂具の秦公、稲梁を積みて、富裕を有ちき。すなわち餅をもって的となしいかば、白鳥と化ってとびかかりて山の峰に居り伊禰なり生いき。ついに社の名となる」とあった。

秦氏と空海

紀伊郡は伏見を含む京都市南部のことである。そこに、伊奈利と呼ばれる神が祀られていたが、それを祀るのは渡来人の秦氏だというのだ。

秦氏は昔から稲荷の神を祀っており、稲作を行うことで富を得ていた。そして、おそらく何らかの祭儀なのだろう、餅を的にしたところ、それが白鳥になって山の峰まで飛んでいき、そこに稲が生えた。そこで、社の名前を伊奈利としたというのである。

ここからは、稲荷神がもともと稲の神、穀物神であったことが分かる。注目されるのは、『稲荷社神主家大西（秦）氏系図』において、「秦公、賀茂建角身命二十四世賀茂県主、久治良ノ末子和銅4年2月壬午、稲荷明神鎮座ノ時禰宜トナル、天平神護元年8月8日卒」とある点である。

秦氏は下鴨神社の社家で、その末子が伏見稲荷大社の神職になったというのだ。秦氏は、賀茂神社と関連する賀茂氏と同族である。さらに言えば、賀茂神社とは「東の厳神、西の猛霊」と並び称された松尾大社の祭祀をつとめたのも秦氏である。

伏見稲荷大社が二十二社に加えられ、しかも上七社に含まれるにあたっては、こうした秦氏との関係が重要な働きをしたと考えられる。しかも、伏見稲荷大社の朝廷との関係はそれだけではない。

稲荷神を構成する中心的な祭神、宇迦之御魂神は、天照大神の弟である須佐之男命が娶った神大市比売（かむおおいちひめ）との間に生まれたとされている。兄には大年神（おおとしのかみ）がいるが、大年神は、毎年の収穫にかかわる穀物神である。

宇迦之御魂神の「ウカ」は食物を意味する。兄の神とともに、穀物神、食物神であることが分かるが、『延喜式』では、豊宇気毘売神（とようけびめのかみ）の別名ともされる。豊宇気毘売神とは、伊勢神宮の外宮の祭神である豊受大神のことである。つまり、宇迦之御魂神は豊受大神と同じ神とされているわけである。ともに食物を司る神である点で、両神が習合するのは必然である。

さらに、朝廷と稲荷神とを結びつけることに大きく貢献したのが、真言宗を開いた弘法大師空海である。空海が朝廷から賜った東寺に伝わるものに、『稲荷大明神流記』がある。これは14世紀のものとされる。

そこに記されたことは伝説だが、空海は、816年（弘仁7年）、紀州の田辺で稲荷神の化身である老翁に出会った。老翁の背の高さは8尺とされるから、2メートル40センチもあったことになる。翁は、空海と出会ったことを喜び、自分は神であり、威徳（威厳と徳望をかねそなえていること）があるが、菩薩となったそなたの弟子は幸福だと告げた。

空海の方は、唐の霊山で翁と誓いを交わしたことは忘れていないと言い、自分には、日本において密教を興隆させたいという願いがあるので、東寺に来て欲しいと言い残した。

空海がもたらした真言密教の影響

823年（弘仁14年）に、空海が天皇から東寺を下賜されると、その年の4月には、稲荷神が稲を担いで、杉の葉を持ち、それぞれ子どもを伴った二人の女性とともに東寺にやってきた。空海は、それを歓待した。一行は、しばらく京都に滞在していたが、空海はそのあいだに、東寺の造営に使う材木を伐り出す山を決め、その山に17日間祈りを捧げ、そこに稲荷神に鎮座してもらった。そこが、伏見稲荷大社の土地だというのである。
13世紀から14世紀にかけて成立した空海の絵伝である『高野大師行状図画』などには、このときの情景が描かれている。

こうした伝承が生み出されたことで、伏見稲荷大社と東寺とのあいだに密接な関係が生まれた。現在でも、毎年4月に行われる「稲荷祭（神幸祭とも言う）」の際には、東寺の北東にある伏見稲荷大社御旅所を発った神輿を中心とした列は、東寺の東門前にとどまり、数名の僧侶によって「東寺神供」を受け、それから本社へ戻っていく。この御旅所は、老翁としてあらわれた稲荷神が滞在していたところとされる。

こうしたことから、密教の信仰は稲荷山にも及んだ。稲荷山の三つの峯のうち、上ノ塚の本地仏は弁財天、中ノ塚は聖天、下ノ塚は吒天であるとされた。そして、三つの峯全体が三弁の如意宝珠をあらわすとされるようになる。如意宝珠とは、思いのままに願いをかなえるとされた密教の法具で、空海が稲荷山に如意宝珠を埋めたという伝承も生まれた。

ここで重要なのは、下ノ塚と結びつけられた吒天である。吒天の別名は荼枳尼天で、もともとはインドのヒンドゥー教の女神であり、それが仏教に取り入れられた。

空海が唐から持ち帰ったもののなかには、密教の儀礼で用いられる両界曼荼羅も含まれていた。そのうち、胎蔵界曼荼羅には、荼枳尼天の姿も描かれている。半裸で、血の入った器や短刀、屍肉などを手に持っている。インドでは、人肉を食うと言われていた。

その後、荼枳尼天は、剣と宝珠を手に持って狐に乗った姿で描かれるようになり、「辰狐王菩薩」や「貴狐天王」とも呼ばれるようになる。狐は、稲荷神の眷属（仏や菩薩につき従う者）とされるようになり、現在ではおびただしい数の狐の像が伏見稲荷大社では奉納されている。

天皇の即位儀礼と言えば、「大嘗祭」が名高い。これは、新たに即位した天皇が、新嘗祭のおりに、天照大神と思われる神に神饌を捧げ、それを自らも食することによって、神との関係を確認する儀礼である。

しかし、密教が仏教界を席捲するなかで、11世紀、ないしは13世紀から行われるようになるのが、「即位灌頂」という大嘗祭とは別の即位儀礼である。それは、今日の即位礼の際に行なわれる。

即位灌頂は、密教の僧侶がかかわるものではないが、朝廷の儀式を司る二条家の人間が、新たな天皇に印相と真言を伝授する。天皇は伝授された印相を結び、真言を唱えるが、そこには荼枳尼天の真言も含まれた。それも、荼枳尼天が皇祖神である天照大神と習合していったからである。

　このように、伏見稲荷大社はさまざまな形で朝廷と結びついた。それによって、平安京における伏見稲荷大社の存在感は高まり、二十二社に含まれることになったのである。

第7章 春日大社

藤原摂関家の氏神であった事実と、それを否定する現在の春日大社

春日大社は、平安時代において、摂政関白を独占する「摂関家」として権勢をふるった藤原氏の氏神である。摂関家は、娘を天皇の后として送り込み、母方の親類である外戚となることによってその地位を確保した。春日大社が藤原氏と深くかかわり、またそれを介して天皇家と結びついている以上、二十二社の一社に選ばれ、しかも上七社に含まれるのは当然である。

しかし、現在の春日大社の説明の仕方は、そうした歴史的な事実を否定しているようにも見える。春日大社のホームページでは、その由緒は次のように説明されている。

春日大社は、今からおよそ1300年前、奈良に都ができた頃、日本の国の繁栄と国民の幸せを願って、遠く茨城県鹿島から武甕槌命（たけみかづちのみこと）様を神山御蓋山（みかさやま）山頂浮雲峰（うきぐものみね）にお迎えした。やがて天平の文化華やかなる神護景雲2年（768年）11月9日、称徳天皇の勅命により左大臣藤原永手（ながて）によって、中腹となる今の地に壮麗な社殿を造営して千葉県香取から経津主命（ふつぬしのかみ）様、また大阪府枚岡（ひらおか）から天児屋根命（あめのこやねのみこと）様・比売神（ひめがみ）様の尊い神々様をお招きし、あわせてお祀り申しあげたのが当社の始まりです。

この説明だと、春日大社を創建したのは、称徳天皇になる。しかも、これに続く部分では、春日大社の祭神は、「春日皇大神」と呼ばれている。皇大神であるということは、春日神は皇祖神ということになる。だが、歴史的に、春日神が春日皇大神と呼ばれたことはない。春日大明神などが、一般的な呼び方だった。

中世から近世にかけて流行した「三社託宣」については第2章でふれたが、そこでも、天照皇大神と八幡大菩薩とともに、春日大明神と記されていた。

春日神は、次の4柱の神から構成されている。

武甕槌命
経津主命
天児屋根命
比売神（天児屋根命の妻）

春日大社が所蔵し、平安時代後期に成立したと考えられる『春日御社御本地幷御託宣記』では、春日大社の創建は768年（神護景雲2年）11月9日のこととされている。

鎌倉時代初期（もしくは平安時代後期）に成立した『古社記』では、創建の際に、左大臣であった藤原永手が、鹿島神宮から武甕槌命を、香取神宮から経津主命を勧請し、あわせて東大阪にある枚岡神社に祀られていた天児屋根命と比売神を招いて、4殿で祀るようになったとされている。

いつの日か「春日神宮」と呼ばれたい

こうした史料においては、称徳天皇の勅命についてはふれられていない。春日大社の創建を担ったのは、あくまで藤原北家の祖である藤原房前の次男、藤原永手であるとされているのだ。

たとえそこに称徳天皇がかかわっていたとしても、称徳天皇は藤原氏との結びつきが強い。なにしろ称徳天皇の母は光明皇后で、その父は房前の父でもある藤原不比等であった。藤原氏は、実質的にこの不比等からはじまるとされている。

現在の春日大社は、神社としての格を上げるために、勅命による創建を強調し、藤原氏の氏神であったことを否定しようとしているようにも見える。いつか、春日大社ではなく、「春日神宮」と呼ばれたい。それを夢見ているのかもしれない。

厄介なのは、春日大社の行う説明が、他でも用いられるようになることだ。事実、そうしたことが起こっている。となると、必ずしも歴史的な事実と言えないことが、一般に流布してしまう。

そもそも神社の由来はどこの場合でも、伝説の類であることが多い。各神社が、創建の事情についてどのように言おうと、それは勝手だ。注意しなければならないのは、現代においても、新たに伝説が生み出されているということである。

ただ、春日大社の側の説明では、遠く鹿島神宮や香取神宮から祭神を招くことになったのか、その理由については述べられていない。

ではなぜ、そうしたことが起こったのだろうか。

平安時代後期に成立した紀伝体の歴史書『大鏡』には、鹿島が不比等の父である藤原鎌足の出生の地だからだと書かれている。ただし、それよりも古く、760年（天平宝字4年）に成立した『藤原家伝』などの史料では、鎌足は大和国の生まれとされている。おそらく、鎌足は鹿島の生まれではないのだろう。

『古事記』では、春日大社の祭神である武甕槌命は建御雷之男神などと表記される。伊奘諾尊が火神である軻遇突智の首を切り落としたとき、その血から生まれた三神の一つである。出雲の国譲りの際に武甕槌命は、経津主命とともに大国主神にそれを迫る役割を果たしている。その点で、武甕槌命と経津主命は、大和朝廷による日本全土の征服に貢献した重要な神である。あるいはこうしたことが、春日大社で武甕槌命と経津主命が祀られる原因になったのかもしれない。

鹿島神宮と香取神宮は、常陸国と下総国ということで異なる国に属しているが、距離的には13キロしか離れていない。古代においては、かつて存在した西ノ流海、あるいは安是湖を隔てて対岸に向き合う形になっていた。したがって、「鹿島香取」と一括して呼ばれることも多い。昔は蝦夷に対する前線基地の役割を果たしていたのではないかと言われている。

正倉院におさめられた絵図に「天平勝宝八歳東大寺山堺四至図」と呼ばれるものがある。天平勝宝八歳とは八年のことで、西暦にすると756年にあたる。これは、春日大社が創建されたとされる年より12年も早い。東大寺で大仏の開眼供養が行われたのも、そのわずか4年前のことである。

天皇に対して春日詣を催促する藤原家の権勢と興福寺

この絵図を見ると、東大寺の方は、大仏殿を中心に、羂索堂（現在の三月堂）と千手堂の建物が描かれている。戒壇院、かつて存在した東塔と西塔については、建物は描かれず、場所だけが示されている。

春日大社の背後には御蓋山（三笠山、春日山とも）がある。これは神体山となるものだが、絵図では、その麓に木々に囲まれた四角が描かれ、そのなかには「神地」と記されている。これは、神に対する祭を行う場所を意味すると考えられる。この神地が、やがて春日大社に発展していったのである。

その後、春日大社の社殿がいつ建ったのかは分からない。具体的な史料が存在しないからである。ただ、春日大社については、今日「春日宮曼荼羅」と呼ばれる礼拝図が数多く伝えられている。

これは、京に住む藤原氏の一門が、自らの邸に春日神を勧請するために用いたものである。法然を信奉したことでも知られる摂政関白の九条兼実は、その日記である『玉葉』のなかで、春日大社に参詣する代わりに、奈良の僧正から送られた「図絵春日御社」を自宅で掲げ、その前で、春日大社に参詣したときと同じように束帯を着け、奉幣を捧げ、読経（『般若心経』一千巻）を行ったと記している。図絵春日御社が、今日に伝わる春日宮曼荼羅の一つと考えられる（『玉葉』国立国会図書館デジタルライブラリー）。

読経が行われたのは、春日宮曼荼羅には、春日大社とともに興福寺の境内も部分的ではあるが描かれていたからである。春日大社については、社殿全体が描かれ、背後の御蓋山には、春日大社の祭神の「本地仏」も描かれている。この本地仏は、興福寺の各堂宇に祀られた本尊とも重なった。春日宮曼荼羅は、鎌倉時代の13世紀から描かれるようになる。まさに神仏習合の象徴とも言える絵画である。

ただ、春日宮曼荼羅を掲げての儀礼は、春日大社に参詣する代わりでしかない。藤原氏に属する京の公家たちは家の繁栄を願って春日大社に詣でるようになっていた。これは、

「春日詣」と呼ばれた。その際に、人々は盛装し、行列を組んで春日大社に向かった。参拝するときには、御幣や鏡、剣や甲冑などの神宝が奉納され、荘園が神領として寄進された。

さらに、藤原氏の人々は天皇家の外戚であるため、天皇に対しても春日大社への行幸を促した。通常、天皇が平安京の外にある神社仏閣に行幸することは極めて珍しいことだったが、989年(永祚元年)には、第66代の一条天皇が春日大社に行幸し、第68代の後一条天皇もそれに続いている。

その後、大和国全体が春日大社の神領となり、さらに春日大社を興福寺が支配する構造ができあがる。藤原氏は、氏神と氏寺を使って大和国を自らの支配下におき、それが藤原氏の財政基盤ともなったのである。

それは政治的、経済的次元にとどまらず、信仰の次元でも大きな意味を持っていく。興福寺は、春日神を自分たち法相宗を守護する神と位置づけ、その僧侶は春日大社の社頭で読経することを許された。それが「法華八講」と呼ばれるもので、毎年春と秋に行われた。現在でも、正月2日には、興福寺の貫首が春日大社の本殿の前まで赴いて読経を行う「日供始式並興福寺貫首社参式」が営まれている。これは、神仏習合の時代を彷彿とさせる儀式である。

春日大社の鹿はどこからやってきたか？

さらに興福寺は、自分たちの要求を通すために、「強訴」という手段に出る。１０９３年（寛治７年）には、春日大社の下級神職である神人に、神鏡を榊につけた神木を持たせ、僧兵の護衛を伴って都に乱入させ、居すわらせた。近江の国司が神人に暴行を働いたと訴えさせるためである。

この直後には、比叡山の山僧も日吉大社の神を輿に乗せて強訴を行った。こうしたことは、神が鎮座している場所から動くということで、「神輿動座」と呼ばれた。それは神の怒りを示すもので、その神を信奉する公家たちを大いに恐れさせた。

実は、春日大社の祭神として、もう一つ別の神が存在する。それが、本殿の南東側にある若宮神社に祀られている天押雲根命である。この神は比売神の御子神とされる。

天押雲根命は、１００３年（長保５年）に、比売神が祀られた本殿の第四殿に最初に出現したと伝えられている。その後、長承年間（１１３２〜１１３５年）に、大雨と洪水で飢饉が訪れ、疫病がまん延した。そこで、１１３５年（保延元年）に若宮神社が創建された。春日宮曼荼羅では、若宮神社も必ず描かれ、その本地仏も示されている。

春日宮曼荼羅のなかには、若宮神社とそこへ至る参道だけを描いたものもある。参道の鳥居の手前には、天押雲根命の本地仏とされた地蔵菩薩が、僧侶に対して経巻を与えているところが描かれている（14世紀、公益財団法人小田原文化財団所蔵）。

他に、春日宮曼荼羅のなかで注目されるのは、「春日浄土曼荼羅」（13〜14世紀、奈良能満院所蔵）や「春日補陀落山曼荼羅」（13世紀、根津美術館所蔵）と呼ばれるものである。

「春日浄土曼荼羅」では、上半分に浄土の姿が描かれている。その下に、御蓋山と春日大社の境内が描かれ、興福寺については仏塔がわずかに見えるだけである。

「春日補陀落山曼荼羅」では、上半分に観音菩薩の霊場である補陀落山が描かれ、山頂には、金色の十一面観音が蓮華座の上に座している。補陀落山の麓には寺の姿が描かれている。これは興福寺をさすものと思われる。下半分には春日大社しか描かれていない。こうした曼荼羅は、春日大社の境内が、浄土や観音霊場にふさわしい清浄な世界としてとらえられていたことを示している。

なお、鹿が春日神の使いとされるのは、鹿島神宮から武甕槌命が勧請されたとき、鹿の背に乗ってきたことに由来する。春日曼荼羅のなかには、鹿を中心に描き、その背に立った榊に本地仏を描いた「春日鹿曼荼羅」（13〜14世紀、奈良国立博物館所蔵など）と呼ばれるものもある。そのバリエーションとしては、衣冠束帯姿の神が鹿に乗っている「鹿島立神影図」（14〜15世紀、春日大社所蔵）もある。

藤原氏の二十二社に対する影響は、上七社の最後ではあるが、春日大社が含まれたことに示されていた。二十二社のなかには、他にも藤原氏と密接な関係を持つ神社がある。そうした神社については、第2部と第3部で見ていくことになる。

上七社のまとめ

上七社は伊勢神宮と春日大社を除いて、すべて京都にある

二十二社を見ていくことによって浮かび上がってくるのは、中世の時代における日本人の宗教観であり、神についてのとらえ方である。

その時代、先ず何よりも、神は威力を発揮するもの、さらには恐ろしいものとしてとらえられていた。丁重に祀らなければ、祟り(たた)を引き起こすからである。上七社に含まれる神社でも、伊勢神宮の天照大神や石清水八幡宮に勧請された八幡神、さらに賀茂神社の賀茂神は祟り、人々に災厄をもたらした。

現代人のものの見方からすれば、祟りなど迷信で、そんなものは存在しないことになる。だがそれは、中世の日本人の見方とは根本的に異なっている。神が祟る力を持つからこそ、当時の人々は、神を畏れるとともに、神の力に期待した。とくに権力の座にある人々は、国を治める上で、有力な神を祀ることが決定的に重要だと考えた。その点で、神社祭祀は

政治のなかに組み込まれていた。

上七社に含まれる神社は、どれも有力な神社であり、それぞれの神社の背景を見ていくと、中世における政治のあり方、権力の所在を知ることができる。

中心は筆頭にあげられる伊勢神宮であり、そこには皇祖神として天照大神が祀られている。朝廷にとって皇祖神は、権力の座にあることの正統性を保証してくれる存在であった。しかし、皇祖神を祀る神社は伊勢神宮だけではなかった。石清水八幡宮や平野神社も、八幡神と今木皇大神という、第二、第三の皇祖神を祀る神社であった。その背景には、王朝の交代という出来事が起こっていた可能性も考えられる。

今木皇大神を祀ってきた高野新笠の一族は渡来人であるし、新笠が結婚した光仁天皇は、先代の称徳天皇とは8親等も離れていた。八幡神と習合した応神天皇は、実在したと断定はできないものの、「河内王朝」を開いたのではないかという説がある。

朝廷を支えたのが、賀茂神社を祀る賀茂氏であり、松尾大社と伏見稲荷大社を祀った秦氏である。秦氏は渡来人だが、賀茂氏についても、秦氏と同族であり、やはり渡来人であるという説もある。渡来人が祀る神社が上七社に多く含まれることは、彼らがいかに権力の座に近い存在であったかを示している。

そして、春日大社の場合には、天皇家の外戚となった摂関家の藤原氏が祀った神社である。藤原氏の祖となった藤原鎌足は奈良の生まれで、そこで春日神を祀った。上七社は、伊勢神宮と春日大社を除くと、すべて京都に鎮座している。奈良の春日大社が上七社に含まれたのは、藤原氏が絶大な権力をふるうようになっていたからである。

第2部では、中七社を扱うことになるが、そこに含まれる各神社の所在地は、上七社とは対照的である。大原野神社と住吉大社を除くと、他の五社はすべて奈良にある。そこにどういう意味があるのか。次にはそれを探っていくことになる。

第2部 中七社

第8章 大原野神社

長岡京遷都と同じ784年に創建された

中七社の筆頭に掲げられている大原野神社は、十六社とされた時代からそこに含まれていた。所在地は京都市西京区大原野南春日町である。

大原野神社に行くなら、阪急京都線の東向日(ひがしむこう)駅で降り、南春日町行きのバスに乗るしかない。大原野南春日町の北には洛西ニュータウンがあり、国際日本文化研究センターや京都市立芸術大学がある。近年では開発が進んだ地域ということにもなるが、かなり不便な場所であることは間違いない。

参拝者の多くは車で訪れるだろう。京都の神社では珍しくないが、ここも紅葉の名所である。さらに、睡蓮(すいれん)の咲く鯉沢の池は、小さな橋がかかり、その光景はモネの絵を思わせる。この池は、奈良の猿沢の池をモデルにしているとされる。

実は、大原野神社は、もっと有名で重要な神社になっていた可能性がある。なにしろ、東向日駅の南に位置する西向日駅や長岡天神駅のあたりには、長岡京があったからである。西向日駅のすぐそばの大極殿公園は「史跡長岡宮跡」でもあり、大極殿の遺跡が発掘されている。

平城京から長岡京への遷都は784年（延暦3年）に行われた。ただ、都であった期間は短く、794年（同13年）には、平安京遷都が行われている。1200年の都ならぬ、10年の都である。

大原野神社の創建は、長岡京に遷都されたのと同じ784年のこととされる。長岡京への遷都も、平安京への遷都と同様に、第50代の桓武天皇が行った。その皇后となったのが、藤原式家の祖とされる藤原宇合の次男、良継の娘、乙牟漏であった。乙牟漏が春日大社の春日神を勧請することで、大原野神社が創建されたとされる。

猿沢の池をモデルに鯉沢の池が作られたのも、春日大社と深い縁があったからだ。また、境内には、狛犬ならぬ「狛鹿」があるが、これも、第7章で見たように、鹿が春日神の使いだからである。

平城京における春日大社と同じ役割を持つ、長岡京の大原野神社

春日大社が創建されたのは７６８年（神護景雲２年）のこととされる。それから大原野神社創建まで16年しか経っていない。ただし、社殿が造営されたのは８５０年（嘉祥３年）である。左大臣であった藤原冬嗣を祖父とする文徳天皇が、冬嗣の願望を実現するために造営を行ったとも言われる。

こうしたことからも分かるように、大原野神社は、藤原氏と密接な関係を持つ神社であり、長岡京では平城京における春日大社と同じ役割を果たすために創建されたと考えられる。祭神の春日神については、次のようになっている。

建御賀豆智命
伊波比主命
天之子八根命
比賣大神

これに、若宮社に祀られた天押雲根命が加わる。建御賀豆智命は春日大社の武甕槌命、

伊波比主命は経津主命、天之子八根命は天児屋根命にあたる。他に、若宮には春日大社と同様、天押雲根命が祀られているわけだ。こうしたことから、大原野神社は「京春日」とも呼ばれている。

こうしたことから考えて、長岡京が平安京に遷都されなければ、大原野神社の重要性は相当に高まっていたと予想される。

平安時代に編纂された歴史書『日本三代実録』（六国史の六番目。清和天皇・陽成天皇・光孝天皇の時代を記す）によれば、866年（貞観8年）12月25日、詔によって藤原須恵子を春日大社と大原野神社の「斎女」としたと述べられている。

斎女は、伊勢神宮の斎宮や賀茂神社の斎王や斎院と同様に、それぞれの神社の祭祀を司る役割を与えられた。斎女の存在は、大原野神社がそれだけ重要な神社と見なされていた証である。ただし、伊勢や賀茂ほど長続きはしなかった。

摂関家の氏神である春日神を祀るということで、平安時代には、大原野神社に対して盛んに行幸啓が行われた。大原野神社の祭礼は大原野祭と呼ばれ、毎年2月上卯の日と11月中子の日の2回と定められた。861年（貞観3年）には、藤原冬嗣の娘で、第54代の仁明天皇の女御（天皇の寝所に侍した女性）を経て皇太后（先代の天皇の后に与えられる称号）となった藤原順子が行啓している。983年には、第64代の円融天皇が行幸した。13世紀はじめに在位した第84代の順徳天皇まで行幸したとされる。

紫式部の時代、新たな皇后は行啓せねばならなかった大原野神社

このように、大原野神社への行幸啓はさかんに行われたが、目立つのは、藤原氏から送り込まれた后妃の行啓だった。天皇の妻のうち、后は第一位の、妃は第二位の女性をさした。

后妃の行啓の様子については、『伊勢物語』や『源氏物語』に記されている。

『伊勢物語』第76段には、清和天皇の女御で陽成天皇の母となった藤原高子が、皇太子から寵愛を受けた宮女である御息所であった時代に、大原野神社に詣でたときのことがつづられている。その際に歌人として知られた在原業平が歌を詠む。それは、「大原や小塩の山も今日こそは神代のこともおもひいづらめ」という歌であった。

ここに出てくる大原は大原野神社のことで、そこに近い小塩の山は海抜642メートルで、山頂には第53代の淳和天皇の遺骨が撒かれたとされている。歌の意味は、御息所の行啓に接して、大原野神社も小塩の山も、はるか昔、神代の時代のことを思い起こしている

であろうというものである。

業平は、平城天皇の孫にあたる。ところが、叔父や兄が政治的な問題から失脚したため、権力からは遠ざけられ、歌の道に生きるしかなくなった。そうした境遇のなかで、業平は高子と恋愛関係になり、そのもとに通っていた。高子は、将来皇后になると考えられていたので、それは禁断の恋であった。この歌には、そうした過去を持つ業平の昔を思う気持ちがこめられている。

『源氏物語』第29帖の「行幸」には、冷泉帝が大原野神社へ行幸したときのことが描かれている。作者の紫式部は、「その師走に、大原野の行幸とて、世に残る人なく見騒ぐを、六条院よりも、御方々引き出でつつ見たまふ。卯の時に出でたまうて、朱雀より五条の大路を、西ざまに折れたまふ。桂川のもとまで、物見車隙なし」と記している。ここでは、この行幸が、京の人々から注目を集めた様子が描かれている。

この行幸のモデルになった可能性があるのが、1005年（寛弘2年）の第66代、一条天皇の中宮（皇后より後に入内した天皇妃）であった彰子の大原野神社行啓である。このときのことは、歴史物語の『大鏡』や藤原実資（平安時代中期の貴族。道長と対立した）の日記、『小右記』に記されている。

『大鏡』では、「大原野の行啓は、いみじう侍(はべ)りし」と、その素晴らしさを讃え、彰子の父である藤原道長が、名馬に乗って行列に加わったと述べている。

『小右記』では、出発に際して、陰陽師(おんみょうじ)の安倍晴明(あべのせいめい)が、邪気を祓うために大地を踏み締めながら呪文を唱えたとし、行列がどのようなものであったかを詳しく述べている。そして、大原野神社の社頭での作法は、天皇の行幸のときと変わらないものだったとしている。

　この時代には、新たに皇后になった女性は、大原野神社に行幸し、その守護にあずかることが必要であると考えられていた。

　紫式部は、中宮彰子に仕えていた。『源氏物語』の成立年代については、必ずしもはっきりとは分かっていないが、『紫式部日記』の記述から、１００８年（寛弘５年）には大部分が執筆されていたと考えられ、執筆期間も３年から４年と推測されており、中宮彰子の大原野行啓が、「行幸」の章で書かれたことのモデルになった可能性は十分に考えられるのである。

第9章 大神神社

祭神・大物主大神と三輪山

上七社のまとめの部分でも述べたように、中七社の多くは奈良にある。奈良には、京都に都が開かれるまで、平城京が存在した。平城京の前は藤原京で、さらにその前には飛鳥浄御原宮があったが、いずれも奈良である。それ以前になると大津や難波に都があった時代もあるが、どちらも期間が短い。また、飛鳥浄御原宮以降とは異なり、条理制（土地を方形に区切る古代の土地区画制度）は敷かれなかった。

日本の都は奈良からはじまる。そのように考えていいだろう。

したがって、奈良にある神社も歴史は古い。上七社に含まれる京都の神社の場合には、石清水八幡宮がその典型だが、かなり歴史が新しいものも含まれる。だが、中七社に含まれる奈良の神社は、いずれも創建ははるか古代に遡る。その代表が奈良県桜井市三輪に鎮座する大神神社である。

大神神社の歴史が古いことは、まず何よりも、記紀神話にその祭神が頻繁に現れるところに示されている。祭神は大物主大神（『古事記』では大物主神）である。

『古事記』には、大国主神が国造りをする話が出てくる。大国主神は、少名毘古那神とともに国造りを行っていたが、少名毘古那神の方は、途中で常世の国（古代においてはるか遠方にあると信じられていた理想の国）に去ってしまう。そのため、大国主神はこの先、どうやって国造りを続けていけばいいのか大いに迷っていた。そこに海の向こうから光り輝く神が現れ、自分を祀ってくれるならば、国造りに協力すると約束する。それで、国造りがかなう。海の向こうから現れた神を祀ったところが、現在では大神神社の神体山とされる三輪山なのである。

上七社の賀茂神社と松尾大社にまつわる伝説で、丹塗矢の話が出てくることについては、すでにふれたが、『古事記』には、神武天皇の皇后選定について語った箇所に、同じような話が出てくる。

大物主大神は、三嶋湟咋の娘である勢夜陀多良比売を見初め、丹塗矢に身を変えて、川上から流れていき、比売が用を足しに来たところで、比売の富登（陰部）を突いた。比売が驚いて、その矢を部屋の床におくと、矢は麗しい男の姿になった。それで生まれた娘が神武天皇の后となったというのである。

さらに『古事記』には、第10代の崇神天皇の時代に、疫病が流行し、多くの人々が亡くなった話が出てくる。天皇がそれを憂え、託宣を受けるための神床に座していると、夜、大物主大神が夢に現れ、意富多多泥古という人物に自分を祀らせれば、国が安らかになると告げた。そこで、意富多多泥古を探すと、河内の美努村で見つかった。意富多多泥古に誰の子かと問うと、大物主大神の子孫であることが判明する。そこで、この人物を神主として、御諸山（三輪山のこと）で大神を祀らせたというのである。

三輪山は禁足地だが、頂上の高宮社へ参拝する道だけは上れる

このように、大神神社の祭神である大物主大神については、『古事記』でたびたび言及されている。それは、『日本書紀』においても同様である。

これだけ多く記紀神話に登場するということは、大物主大神を祀る大神神社の歴史が古いことを意味する。それは、三輪山の麓で発掘された数々の遺跡によっても証明される。

神体山である三輪山は、神聖な場所であるため、人が足を踏み入れることのできない禁足地とされている。したがって、三輪山でどういった祭祀が行われていたのか、発掘によってそれを明らかにすることはできない。

ただ、昭和30年代に拝殿の裏に建つ三ツ鳥居の工事が行われたときや、禁足地の脇で水管の敷設工事が行われた際に、子持ちの勾玉や土器の破片などが発見されている。これは、禁足地内で祭祀が行われたと思われる場所に遺品が残されている可能性を示唆している。

三輪山は禁足地とはされているものの、頂上にある高宮社を参拝するための道だけは登ることが許されている。その登山口は、大物主大神の荒魂を祀る狭井神社（正式には狭井坐大神荒魂神社）のところにあるが、その東北に山ノ神祭祀遺跡がある。

山ノ神遺跡は三輪山の西麓にあたり、明治時代以前には禁足地に含まれていた。ところが、明治時代に入って禁足地から外された。1918年（大正7年）にその周囲を蜜柑畑として開墾する作業が行われたときには、多数の出土品が発見された。残念なことに、そのうちの多くのものが持ち去られてしまった。

ただし、奈良県が発掘したものや、考古学者で民俗学者の樋口清之が蒐集したものが残されている。そのなかには、小型銅鏡、碧玉製曲玉、水晶製曲玉、鉄片、滑石製臼玉、管玉、双孔円板、滑石製板曲玉、剣状石製品、子持勾玉のほか、土製高杯、盤、杯、臼、杵、柄杵、匙、円板、箕、案（台）などが含まれている。

このなかには、実用的なものも含まれており、すべてが直接祭祀に使われたわけではないかもしれない。ただ、酒の醸造に用いられたと推測される道具もあり、大神神社の祭神が酒の神であることと関連する。神に作物や酒を供えて祭祀が行われた可能性は高い。こうした祭祀は、弥生時代にはじまり奈良時代まで続いたものと考えられる。

山ノ神遺跡には、長さ1・8メートル、幅1・2メートルの巨岩を中心に、その周囲にある五つの岩を組み合わせた「磐座」がある。磐座とは、信仰対象になる大きな岩、石のことである。発掘された品々は、磐座の周囲から見つかっている。これは、古代における三輪山での祭祀が、磐座を中心に営まれたことを示している。

実際、狭井神社のところの登山口から三輪山に登ってみると、至る所に大きな岩があることが分かる。とくに、中腹の「中津磐座」と呼ばれている場所には、いくつもの岩が並んでおり、周囲は注連縄で結界されている。

頂上まで登り、高宮社を過ぎると、そこには「奥津磐座」があり、中津磐座と同じような状態になっている。麓にも辺津磐座があったとされるが、それがどこなのかは今ははっきりしなくなっている。少なくとも古代における大神神社の祭祀は、三つの磐座を中心に営まれていたのである。

謎の多い磐座信仰

磐座での祭祀ということで思い起こさせるのが、最近世界遺産に登録された玄界灘の孤島、沖ノ島のことである。沖ノ島には、10メートルを超える高さのものを含め、14個の巨岩があり、そこからは祭祀を行った際の遺品が大量に発掘されている。祭祀が行われた時期は、4世紀後半頃から10世紀初頭までと推測される。その期間継続的に祭祀が行われていたが、発掘された遺品は数が多いだけではなく、豪華なものも含まれる。三角縁神獣鏡(さんかくぶちしんじゅうきょう)や金製の指輪、馬具、唐三彩(とうさんさい)(唐代に作られた陶器。三色で彩色されている)やガラス器などである。ガラス器などはシルクロードを通って西域からもたらされたものである。

祭祀は最初、岩の上で行われていたが、岩陰に移行し、さらには岩陰から少し離れ、半岩陰、半露天で行われるようになる。それは7世紀のことで、その時代に行われた祭祀で用いられた馬具や飾りのついた太刀、琴や機織り用具は、伊勢神宮の神宝とも共通する。

沖ノ島での祭祀が、どういった人たちによって、またどういった目的で行われたのかについては、それを記した文献がまったく存在しないためにはっきりとは分からない。それでも、海外からもたらされた貴重な品々が用いられていたことからすれば、祭祀を担ったのは大和朝廷であるとしか考えられない。

三輪山の磐座での祭祀についても、誰がどういった目的でそれを行ったのか、それは明らかになっていない。だが、記紀神話のなかに大神神社の祭神である大物主大神が国造りの神として頻繁に登場することからすれば、朝廷との関係を想定しないわけにはいかない。古代の大和朝廷は、沖ノ島の巨岩や三輪山の磐座で祭祀を営み、そこに国家の命運を託していたものと考えられる。それは、二十二社の先行形態であるかもしれない。

『日本書紀』の崇神天皇8年12月のくだりには、「大田田根子は、今の三輪君等（みわのきみら）が始祖（はじめのおや）なり」とある。大田田根子は、『古事記』の意富多多泥古のことであり、三輪君は、大神神社の神主となった三輪氏、あるいは大三輪氏のことである。

同じく『日本書紀』の天武天皇13年（684年）11月のくだりには、52の氏族に対して八色（やくさ）の姓（かばね）の第二位である朝臣（あそみ）を賜ったと記されている。朝臣の筆頭にあげられているのが「大三輪君」であり、大三輪氏が氏族として重要な存在であったことが分かる。それも、大神神社の重要性と深くかかわるであろう。

大三輪氏は磐座で祭祀を営む役割を果たしていたものと考えられるが、時代が経つと、磐座のある三輪山自体が神聖なものと考えられるようになり、それは神体山としてとらえられるようになった。ただし、その段階ではまだ、大神神社には拝殿は存在しなかった。現在の大神神社には本殿はないが、拝殿があり、神体山である三輪山を拝む形になっている。

平安時代の歌学書である『奥儀抄(おうぎしょう)』には、「このみわの明神は、社もなくて、祭の日は、茅(ち)の輪をみつつくりて、いはのうへにおきて、それをまつる也」と記されている。岩の上とは磐座の上をさし、三つの磐座に茅の輪をおいて祭祀が営まれたことを伝えている。茅の輪とはイネ科の多年草であるチガヤを紙で包んで束ね輪の形に作ったもののことをさす。

2つの神宮寺、大御輪寺と平等寺

現在、拝殿と三輪山の禁足地のあいだには、結界(けっかい)(聖域として定めること)するために、三ツ鳥居と瑞垣が設けられている。三ツ鳥居は、両端が反った明神(みょうじん)型の鳥居を三つ組み合わせたものだが、これが大神神社にいつからあったかは分かっていない。

三輪山が神体山として信仰対象になることで、俗界から神域を区別するために三ツ鳥居が建てられたものであろうが、その時代には、依然として拝殿はなく、三輪山の麓に三ツ鳥居だけが建っているという状態であったものと推測される。

現在の拝殿は、１６６４年（寛文４年）に、徳川幕府の４代将軍、徳川家綱が建てたものである。それは再建されたもので、最初に拝殿が造営されたのは、１３１７年（文保元年）ともされる。その後、室町時代には、何度か修繕が加えられ、豊臣秀吉も修繕を行ったとされる（中山和敬『大神神社』学生社）。

となると、14世紀になるまで、大神神社にはいっさい建物が存在しなかったことになる。だが、実はそうではない。というのも、そこには神宮寺が存在したからである。

大神神社には、二つの神宮寺が存在した。大御輪寺と平等寺である。大御輪寺は三輪寺とも呼ばれたが、現存してはいない。平等寺は現存するが、これは１９７７年に再興されたもので、元の平等寺は明治時代になる際の廃仏毀釈によって途絶えてしまった。

大御輪寺は、現在の大神神社の拝殿から西やや北寄りにあり、三重塔、本堂、庫裡、鎮守社などによって伽藍が形成されていた。一方、平等寺は南やや西寄りにあり、医王院、不動堂、愛染堂、鐘楼、鎮守社などがあった。この二つの神宮寺の姿は、室町時代の「三輪山絵図」に描かれている。

大御輪寺は、最初、大神寺と呼ばれ、第11代の垂仁天皇の時代に創祀されたとされる若宮社（現在は大神神社の摂社の大直禰子神社）に接して奈良時代に創建された。770年（宝亀元年）に亡くなる公卿の文室浄三が大神寺で「六波羅蜜経」を講じたという記録があり、鎌倉時代に、西大寺の叡尊が寺の名を大御輪寺に改めた。聖徳太子の開山で、鑑真が律宗に定めたともされ、それまで西大寺の末寺となっていた。

大御輪寺の本尊だったのが、今は大神神社と同じ桜井市の聖林寺にあって、国宝にも指定されている十一面観音像である。これは天平時代、8世紀の作で、当時を代表する優れた観音像だが、廃仏毀釈の際に聖林寺に移された。その際には大御輪寺の三重塔も壊され、鎌倉時代に建てられた本堂は、大直禰子神社の本殿として用いられるようになった。

平等寺の方は、大御輪寺の場合と同じように、開基は聖徳太子とされている。ただ、実際の開山は鎌倉時代はじめの慶円という僧侶である。三輪上人とも呼ばれた慶円の像が開山堂に祀られ、当時は「三輪別所」とも呼ばれた。

その境内に不動堂や愛染堂があったことからも明らかなように、平等寺は真言密教の寺院で興福寺の末寺になっていた。それと同時に、修験道の総元締めである醍醐寺とも関係を持っていた。しかし、廃仏毀釈によって、堂宇はすべて破壊され、仏像も他所に移されてしまった。現在再興された平等寺は曹洞(そうとう)宗に属している。

「みわ」にはうまい酒とそれを容れる器の意味もある

こうした大御輪寺と平等寺を基盤に生み出された神道の流派が「三輪流神道」である。三輪流神道は典型的な神仏習合の信仰で、真言密教が伊勢信仰と結びつくことで生まれた両部神道の流れのなかに属している。

三輪流神道では、大神神社の祭神は三輪大明神と呼ばれ、それは天照大神と同体であり、さらには大日如来(だいにちにょらい)とも同体であるとされる。本地垂迹の考え方では、大日如来が本地で、天照大神が天上における垂迹になり、地上に降臨したのが大和では三輪大明神、伊勢では皇大神宮であるとされた。

大神神社には、本殿はもちろん、長く拝殿もなかったわけだが、8世紀から神宮寺があり、建物は存在した。神社建築は、仏教建築の影響を受けながら生み出されたと考えられるが、神宮寺があるために、神社の建物は不要とされたのかもしれない。

もう一つ、大神神社の特徴は、祭神が酒の神としての性格を持っていることである。

出雲大社の新任の出雲国造が天皇に対して奏上する「出雲国造神賀詞(いづものくにのみやつこのかむよごと)」のなかでは、

大神神社の祭神である大物主大神の別名として「倭大物主櫛甕魂命」があげられている。この神名に含まれる「甕」は酒を醸すための容器を意味している。

そもそも「みわ」には神酒とそれを容れる容器の意味があった。『万葉集』では、三輪の枕詞が「うま酒」とされている。さらに『日本書紀』では、崇神天皇8年夏4月16日のくだりに、「高橋邑の人、活日を以て大神の掌酒となし給ふ」と出てくる。

また、同じ年の冬12月20日の箇所では、次のように述べられている。

天皇、大田田根子を以て大神を祭らしむ。是の日に活日自ら神酒をささげて、天皇に献る。仍りて歌して曰はく、
此の神酒は　我が神酒ならず　倭成す　大物主の　醸みし神酒　幾久　幾久
如此歌して、神宮に宴す。
（『日本書紀上』日本古典文学大系67）

大神神社の摂社のなかには活日神社があり、その祭神となっている高橋活日は杜氏の祖神とされている。現在でも11月14日には毎年「醸造安全祈願祭」、別名「酒まつり」が挙行されている。

大神神社の拝殿の向拝には大きな杉玉が下がっているが、この日に新しいものに変えられる。杉玉は三輪山の杉葉で作られたもので、「志るしの杉玉」(酒林)と呼ばれる。

すでに述べたように、新しく天皇が即位した際に行われる大嘗祭においては、悠紀国・主基国を選定し、そこで作った稲を神に捧げるとともに、その米で酒を造り、やはり神に捧げることが重要な意味を持っていた。その点で、酒と祭祀は深いつながりを持っている。古い歴史を持つ大神神社が酒の神を祀るとされたのも、そのことが関係しているのではないだろうか。

第10章　石上神宮

大正時代まで、石上神宮には拝殿はあっても本殿がなかった

二十二社全体のなかで、「神宮」と名乗っているのは、伊勢神宮と石上（いそのかみ）神宮だけである。伊勢神宮の正式な名称は神宮である。神宮と言えば、本来は伊勢神宮のことをさす。神社本庁の傘下にある神社のなかで、神宮と名乗ることができるのは、天皇や皇室の祖先神を祭神とするものに限られている。

もちろん、神社本庁に包括されない単立の宗教法人であれば、自由に神宮を名乗ることができる。だが、神社本庁は、神宮という呼び名に権威を持たせるため、その範囲を制限している。

神宮ということばは、中国の前漢（紀元前２０６年～紀元８年）の時代の文献に見られ

る。朝鮮半島でもかなり早い時代から用いられていた。『三国史記』の新羅本紀、502年（炤知麻立干3年）3月のくだりには、「神宮を奈乙（慶州の蘿井）に置く」と記されている（上田正昭『私の日本古代史(上) 天皇とは何ものか─縄文から倭の五王まで』新潮選書）。

序章でふれた10世紀の『延喜式神名帳』において、神宮と呼ばれていたのは、伊勢神宮と鹿島神宮、香取神宮である。それよりも成立が古い『日本書紀』（720年成立）では、伊勢神宮の他に神宮と呼ばれているのは石上神宮だけだった。それは、石上神宮が古代から極めて重要な神社であったことを示している。

『日本書紀』の垂仁天皇について述べた箇所に、「石上神宮」と出てくる。また、履中天皇（第17代天皇）のところでは、「石上の振神宮」として出てくる。『古事記』にも、「石上神宮」として登場する。

現在、石上神宮が鎮座している場所は、奈良県天理市布留町である。近くには、天理教の教会本部がある。1883年（明治16年）以前には、石上神宮は石上坐布都御魂神社や石上社、あるいは布留社と呼ばれていた。石上坐布都御魂神社の呼び名は、『延喜式』に出てくるもので、祭神である布都御魂大神に由来する。布留社と呼ばれていたことが多く、

1883年に石上神宮という名に戻された。

布留という名は、石上神宮の東にある円錐(えんすい)形の山、布留山に由来する。布留山は海抜266メートルで、山のなかには、磐座と思われる大きな岩が存在する。古代においては、山のなかの磐座で祭祀が行われていたと推測され、布留山は石上神宮の神体山と考えられる。その点では、石上神宮の南にあり、車で行けば30分もかからない大神神社と同じ形態をとっていたことになる。

実際、石上神宮には、現在の大神神社がそうであるように、拝殿はあっても本殿がなかった。本殿が建てられたのは大正時代になってからと、かなり新しい。拝殿の方は、11世紀後半に在位した第72代の白河(しらかわ)天皇が、皇居にあった新嘗祭や神嘗祭を行う神嘉殿(しんかでん)を寄進したとの言い伝えもある。だが、建築様式からは鎌倉時代初期のものではないかと考えられる。

韴霊を奉安するために建立された本殿

本殿が建てられるにあたっては、石上神宮に伝わる伝承が関係していた。

拝殿の後方には、布留社の字を刻んだ剣先状の石の瑞垣で囲われた禁足地が存在する。

現在では、東西44・5メートル、南北29・5メートルで、その面積は約1300平方メートルにも及んでいる。

この禁足地には、昔から神体である神剣「師霊」が土中深くに祀られていると伝えられてきた。そして、禁足地は、「石上布留高庭」、あるいは「御本地」「神籬」などと呼ばれてきた。

この伝承が事実であるかどうかを確かめるために、1874年（明治7年）8月に、当時石上神宮の大宮司であった菅政友（菅は、すが、とも）という人物が調査を行った。政友は、もともとは神職ではなく、『大日本史』の編纂にも携わったことのある水戸の国学者だった。大宮司だったのは発掘を行った前後約3年だけで、以前から石上神宮に関心を持ち、調査を目的として大宮司に任命されるよう各方面に働き掛けたという（『日本経済新聞』2014年7月4日付）。

すると、発掘によって玉や剣、矛などが出土し、師霊も発見された。この師霊を奉安するために、明治43年から大正2年までかかって本殿が建立された。なお、その際に、南北約18メートル、面積約800平方メートルだった禁足地は北側に拡張され、現在の広さになった。

師霊は、公開されていないが、刀鍛冶師の初代月山貞一が複製を作刀している。それは、85センチほどの長さで、一般の日本刀とは異なり、刃の方に湾曲した内反りで、刃とは反対の柄頭に環状の装飾である環頭が付いている。

師霊は、布都御魂、または布都御魂剣とも呼ばれる。『古事記』では、神武天皇が東征を行ったとき、熊野山中で危機に陥り、その際に、高倉下という人物、もしくは神が持参した刀とされ、「此の刀は石上神宮に坐す」と記されている。石上神宮の祭神である布都御魂大神は、この刀に宿る神である。

国宝・七支刀の銘文

ただし、石上神宮の刀ということで名高いのは、国宝にも指定されている七支刀である。七支刀は、全長が74・8センチで、刀身はおよそ65センチである。刀身の左右に三つずつ枝が互い違いに出ているところに最大の特徴がある。石上神宮では、これを「七枝刀」、あるいは「六叉の鉾」として伝えてきた。

七支刀には銘文が刻まれているが、それを明らかにしたのは、すでにふれた菅政友であった。政友は、剣の表に34字、裏に27字、計61字の金象嵌銘文が施されているのを発見し、錆を落として、字を読めるようにした。そこには、次のように記されている。

表　泰和四年五月十六日丙午正陽造百練鉄七支刀出辟百兵宜供供侯王□□□□作

裏　先世以来未有此刀百滋王世子奇生聖音故為倭王旨造伝示後世

字の解読の仕方については諸説あり、ここでは、前掲の上田正昭の著作に従った。上田は、七支刀が倭王に服属するあかしとして百済王によって献上されたものだという従来の説を否定し、百済王の世子、跡継ぎである余暉(よき)が倭王へ贈与したものだという解釈をとっている。

なお、『日本書紀』の神功皇后52年9月丙子のくだりには、百済の肖古王(?〜214年)が日本の使者である千熊長彦(ちくまながひこ)に対して、七枝刀一口と七子鏡一面などを献上したと書かれている。この記事は、七支刀の刀身に書かれていることが事実であることを裏づけている。

神功皇后は伝説上の人物で、斉明天皇や持統天皇といった女帝がモデルになっているとも言われる。長く摂政の地位にあり、大正時代までは歴代の天皇のなかに加えられていた。

神功皇后52年は２５２年のことともされるが、泰和（たいわ）４年なら、それは２６８年にあたる。

石上神宮の主祭神は布都御魂大神であるわけだが、主祭神には、次の二柱の神々も含まれる。

布留御魂大神（ふるのみたまのおおかみ）
布都斯魂大神（ふつしみたまのおおかみ）

他に、次の神々が「配神（主たる祭神にゆかりのある神）」として祀られている。

宇摩志麻治命（うましまじのみこと）
五十瓊敷命（いにしきのみこと）
白河天皇
市川臣命（いちかわおみのみこと）

有力豪族・物部氏の鎮魂呪法が及んだ鎮魂祭

布留御魂大神は、石上神宮に伝わる「十種神宝（とくさのかんだから）」に宿る神である。平安時代初期に成立した『先代旧事本紀（せんだいくじほんぎ）』には、「天璽 瑞宝十種（あまつしるしみずたからとくさ）」として登場し、次の十種からなっている。

瀛都鏡（おきつかがみ）
辺都鏡（へつかがみ）
八握剣（やつかのつるぎ）
生玉（いくたま）
死 返 玉（まかるかへしのたま）
足玉（たるたま）
道返玉（ちかへしのたま）
蛇比礼（おろちのひれ）
蜂比礼（はちのひれ）
品物之 比礼（くさぐさのもののひれ）

比礼とは、呪いに用いる布のことである。十種神宝は、饒速日命が天津神から授けられたもので、これを用いて「一二三四五六七八九十」と唱えれば、死人も生き返るとされている。ただし、十種神宝そのものは現存しない。

布都斯魂大神の方は、素戔嗚尊が出雲国において八岐大蛇を退治した際に用いた天十握剣に宿る神とされる。

石上神宮では、毎年、11月22日に「鎮魂祭」を行っている。その際には、柳筥（柳の細枝を編んで作った蓋のついた箱）と鈴のついた榊が用いられるが、柳筥には、三つの土器が納められていて、右の土器には洗米（神仏に供える饌米）と玉緒、中央のには十代物袋、左のには切麻（麻や紙を細かく切って米とまぜたもの）が入っている。

重要なのは、中央の土器に置かれる十代物袋で、縦二つに折った奉書を四角形に切り、それをさらに五角形にして両面を貼り合わせたなかに、十種神宝を描いた紙を納めたものである。その上方に穴を開けて、こよりを通す。表には「振御玉神」と記されており、宮司はそれを著鈴榊に結びつけて儀式を行い、最後は玉緒と洗米とともに奉書に包んで、神殿に奉納するのである。

鎮魂祭で唱えられる呪詞などは『先代旧事本紀』に記されている。『先代旧事本紀』は、古代の有力な豪族で、石上神宮の祭祀を司る物部（もののべ）氏が編纂したものと考えられる。物部氏は、最初、軍事や刑罰を担当していたが、勢力を拡大し、仏教を受容するべきかどうかをめぐって推進派の蘇我氏と対立したともされる。天武天皇の時代以降、石上氏と姓を改めている。上田は、石上神宮に伝えられる物部氏の鎮魂呪法が、宮中における鎮魂祭にもおよんでいったと解釈している。

事件を起こし追われた人物が逃げ込むアジール（聖域）でもあった

もう一つ、石上神宮で注目されるのが、「神府（しんぷ）」、神の庫の存在である。それは、『日本書紀』垂仁天皇87年春2月のくだりに、「天神庫（あめのほくら）」として登場する。しかも、同39年冬10月のくだりでは、垂仁天皇の子である五十瓊敷命は、茅渟（ちぬ）の菟砥川上宮（うとのかわかみのみや）で一千口の剣を作り、石上神宮の神府に納めたと記されている。

ここまで見てきたところから明らかなように、石上神社の神宝には、剣が実に多い。『日本後紀』８０５年（延暦24年）２月のくだりでは、石上神宮の兵杖（武器）を平安京まで運ぶのに、延べで15万7千余人を必要としたという記述がある。神府は兵器庫だった。それは、物部氏が軍事を担当していたことと結びつく。この時代には、すでに十六社奉幣の制度が確立されていたが、石上神宮の重要性は、軍事的なことも関係していた。

石上神宮の神宮寺とされるのが内山永久寺である。内山永久寺は、石上神宮の南にあったが、現存しない。浄土式庭園の跡となる池だけが残されている。廃仏毀釈の影響が大きく、明治時代に廃寺になっている。

しかし、16世紀には、56の坊や院があったとされ、池の周囲には本堂のほか、観音堂、八角多宝塔、大日堂、方丈、鎮守社などが建ち並んでいた。江戸時代には、「西の日光」と言われたほど壮麗な伽藍で知られ、その面影は、池の周囲に建つ境内図からうかがうことができる。安置されていた仏像は、流出したものの、現存するものも少なくない。石上神宮にあり、国宝にも指定されている出雲建雄神社割拝殿は、内山永久寺にあった住吉神社の拝殿だった。

内山永久寺は、永久年間（1113〜1118年）に、鳥羽天皇（第74代天皇）の勅願によって興福寺大乗院の第2世院主、頼実が創建したとされる。その創建は平安時代後期とかなり新しいので、それ以前に、石上神宮には別の神宮寺があった可能性が高い。江戸時代の「布留之図」を見ると、現在、本殿と拝殿があるところに隣接して神宮寺と護摩堂の建物が認められる。また、この図では、近くの布留村に良因寺と薬師堂とが描かれている。

中世において、石上神宮を中心とした地域は布留郷と呼ばれていた。神宮の氏子となった村にはそれぞれの鎮守社に石上神宮の神宮寺があった。そうした寺は「中筋諸山（なかすじしょさん）」と呼ばれ、明治に入るまで、その代表となる僧侶や内山永久寺、そして、石上神宮の西にある桃尾山（ももおさん）竜福寺の僧侶が一年ずつ交代で神宮に勤務し、行事を司っていた（高野友治「天理教の伝播と既成教宗団の関係」『天理大学学報』26、1958年）。

石上神宮は、その形態が大神神社と重なり、それだけでも神社としての古さを感じさせるが、神話や伝承は、古代の日本社会において、相当に重要な役割を果たしていたことをうかがわせる。上田は、石上神宮は宗教的な「アジール」としての性格を持ち、記紀には、事件を起こし追われた人物がそこに逃げ込んだという記述があることを紹介している。

アジールは聖域、あるいは避難所、無縁所などを意味するが、石上神宮がその役割を担ったのも、はるか昔から、その境内がとくに神聖な領域として認識されていたからだろう。朝廷が石上神宮を重視したのも、そうしたことが関係しているに違いない。

第11章　大和神社

別名「ちゃんちゃん祭」とも呼ばれる特殊神事「神幸祭」

中七社に含まれる各神社は、大神神社にしても、石上神宮にしても、古代に遡る歴史の古いところが少なくない。奈良県天理市新泉町（にいずみちょう）　星山に鎮座する大和（おおやまと）神社も同じだ。

大和神社は、石上神宮の西南にあり、大神神社からは北に位置する。三つの神社はかなり近いところにある。大和神社のホームページを見てみると、「大和神社は日本最古の神社です」とある。

最古かどうかを判定するのは難しい。ただ、大神神社や石上神宮と比べたとき、大和神社の知名度は必ずしも高いとは言えない。

それぞれの神社には、現在では神職が営む定例の神事と、特別な日に行われる「特殊神事」がある。大和神社の特殊神事としては、毎年4月1日に行われる「神幸祭（おわたり）」がある。依代に神を遷し、氏子地域を回る神幸祭は、多くの神社で行われているが、大和神社のそれは、「ちゃんちゃん祭」とも呼ばれている。

戦前には、神社を管轄する内務省の部局に「神社局」があった。その神社局が、1924年度（大正13年度）に調査し、1928年（昭和3年）に補足したものに、『官国幣社特殊神事調（一～四）』という報告書があった。それは、1938年に神祇院編『官国幣社特殊神事総覧』として刊行され、1972年に国書刊行会から復刊されている。

これは、官国幣社での特殊神事、つまりは祭について各神社からの報告をまとめたものになる。大和神社の神幸祭については、10ページ以上が費やされ、図入りでかなり詳しく説明されている。ただし、神幸祭の由来については分からないとされている。

神幸祭の際は、大和神社の氏子地域にあるそれぞれの町で「頭屋」が1年交代で選ばれ、祭が行われているあいだは、自宅の玄関に門飾りを飾る。さらに、頭屋1軒について10歳くらいまでの男子が一人、「頭人児」に選ばれ、頭屋と一緒に神事に参加する。

祭の当日、それぞれの町では、「産子幣」と呼ばれる御幣や山鉾、美しく飾った「風流傘」などを持った人々が、楽人や馬に乗った甲冑武者に扮装して行列をする。行列の人数は１００名を超す。

現在では、神社で祭事を司るのは、専門の神職になるが、かつては氏子の代表が交代で行うのが一般的だった。それが頭屋である。大和神社の神幸祭には、その名残が見られるわけだが、祭自体は、さほど注目を集めるようなものではない。

航海技術に秀でた部民・海部と戦艦大和

もう一つ、大和神社が一般の注目を集めるとしたら、それは太平洋戦争の開戦直後に就役し、最後は沖縄方面に出撃して撃沈された戦艦大和との関連である。境内には、「戦艦大和ゆかりの神社」という石碑が建っている。これは２０１２年８月５日に建立されたものである。

日本の戦艦にはかつての国の名がつけられていた。大和は、現在の奈良県をさす大和国に由来する。戦艦大和には、大和神社の祭神が分祀されていた。

なぜ分祀されたのか。大和神社の側では、遣唐使が出発するにあたって、航海の安全を祈ったことに由来するとしている。『万葉集』巻５の８９４には、遣唐使として入唐（にっとう）した経験を持つ山上憶良（やまのうえのおくら）（奈良前期の官人。歌人として万葉集に多くの歌を残す）のもとを、出発を翌月に控えた遣唐大使の多治比真人広成が訪れたとき、憶良が贈った送別の長歌が載っている。そこには、「大和の大国御魂」とある。ただし、遣唐使船に祀られていたのは住吉大社の神だった（東野治之『遣唐使』岩波書店）。

現在では、石碑の隣りにある祖霊社において、戦艦大和とともに命を落とした乗組員、２７３６名の霊が祀られている。合祀されたのは１９５３年である。

このように、現在の大和神社は戦艦大和と結びつけられることが多いが、それ以外に世間の注目を集めることは少ない。しかし、その創建のことは神話につづられており、古代においては相当に有力な神社であった。

これは、『古事記』にはなく、『日本書紀』にだけ記されていることだが、大和神社の創建は、伊勢神宮の創建と深く関係している。

そのことについては、すでに第1章でふれた。第10代の崇神天皇の時代、宮中において、天照大神とともに、大和神社の祭神となる倭大国魂神（大和神社では日本大国魂大神と表記する）がともに祀られていた。ところが、疫病が起こるなどしたため、この二柱の神を宮中の外で祀ることとなった。

天照大神の方は、第1章でも述べたように、最終的に伊勢に祀られる。一方、倭大国魂神の方は、崇神天皇の皇女である渟名城入姫命に託されたものの、姫は「髪落ち体瘦みて祭ること能はず」という状況に陥ってしまう。神の威力が、制御が難しいほど強かったということだろう。

では、その後、倭大国魂神はどうなったのだろうか。

それについては、第11代の垂仁天皇25年のくだりに出てくる。倭大国魂神は、穂積の臣の遠祖にあたる大水口宿禰に神憑りし、「世のはじまりのときの約束では、天照大神がすべての天原を治め、その子孫である代々の天皇が葦原中国の天神地祇を治め、自分が地主の神を治めることになっていた。ところが、先の崇神天皇は、根本的なことを知ろうともしなかった」と、祀り方に不満を述べた。

そこで、中臣連の祖である探湯主に、誰に神を祀らせたらいいかを占わせたところ、渟名城入姫命がふさわしいとなり、神を祀る場所を穴磯邑に決め、大市の長岡岬に祀ることとなった。

ただし、渟名城入姫命は髪が抜け、瘦せ細って祀ることができなかったため、大倭直の祖である長尾市宿禰に命じて、祀らせた。この部分は、崇神天皇のくだりに述べられたことと重なる。

神が祀られた大市の長岡岬がどこをさすのか、諸説あり、はっきりしない。現在大和神社が鎮座する場所とは異なっていたようで、むしろ大神神社の方に近かった可能性がある。

今ふれた箇所に、大倭直のことが出てくるのは、大和国の国造(くにのみやつこ)をさし、大和神社を祀る役割を果たしたからである。大和国の国造について述べた平安時代初期に成立した『国造本紀(こくぞうほんぎ)』では、神武天皇の東征の際に先導役となった椎根津彦(しいねつひこ)が倭国造の祖であるとされる。歴史学者の田中卓は、「神武天皇の御東征と大倭国造」(『日本国家成立の研究』皇學館大学出版部)という論文で、椎根津彦は、畿内にもともと住んでいた大己貴(おおなむち)神系の種族で、西宮のあたりを中心に、大阪湾の北岸に勢力を伸ばし、西は明石海峡にまで及ぶ海部(あまべ)の首長であったと述べている。海部とは、航海技術に秀で、それによって朝廷に仕えた部民(みん)のことである。

3つの本殿と、具体的な名前はわからない3つの祭神

これに関連して、淡路島には大和大国魂神社があり、徳島県美馬(みま)市にも倭大国魂神社がある。どちらも、『延喜式神名帳』に記載された式内社であり、古い歴史を有している。

これは、椎根津彦の支配が大和国をはるかに超えて、当時の阿波国(現在の徳島県)にま

で及んでいたことを示している。これについてふれている西山徳は、「大和神社の創祀と大倭国造」(『日本思想の源流と展開』皇學館大学出版部)という論文のなかで、椎根津彦が支配した地域が「広い範囲の『大倭国』」であったとしている。

大和神社の本殿は三つに分かれており、中殿には日本大国魂大神が祀られ、左殿には八千戈大神(やちほこのおおかみ)が、そして右殿には御年大神(みとしのおおかみ)が祀られている。

八千戈大神は、大国主神の数多くある別名のうちの一つである。御年大神については、『古事記』で、須佐之男命と神大市比売(かむおおいちひめ)の間に生まれた大年神(おおとしのかみ)であるとされる。ただし、正月などに訪れる来訪神の代表に大年神(大歳神)があり、その可能性も考えられる。『延喜式神名帳』では、「大和坐大国魂(おおくにたま)神社三座」と記され、平安時代中期の時点で三柱の神が祀られていたことになるが、そこでは、三柱の具体的な神名はあげられていない。

大和神社の祭神については諸説あり、神社側の説明では、現在の祭神は、「大倭神社注進状」という文書によるとされる。ただ、この文書は江戸時代中期の偽作ともされており、八千戈大神と御年大神については、当初からの祭神であるかどうかは必ずしも定かではない。

江戸時代中期の『和漢三才図会』においては、大和神社(そこでは大倭大国魂社)の祭神は次のように記されている。

大宮　大国魂神　素盞嗚尊之孫
二宮　大歳神　素盞嗚之子即大国魂父成
三宮　須治比女神　大国魂之母

大和神社の祭神は神話に由来するとされ、神社の歴史も古く、古代においては重要な神社と見なされていた。『日本書紀』の持統天皇6年5月のくだりには、藤原京を作る土地を定めたことに関連し、「庚寅（26日）に、使者を遣して、幣を四所の、伊勢・大倭・住吉・紀伊の大神に奉らしむ」とある。このなかの紀伊については、和歌山市の伊太祁曽神社か日前神宮・國懸神宮ではないかとされる。

また、12月24日のくだりには、「新羅の調を、五社、伊勢・住吉・紀伊・大倭・菟名足に奉る」とある。菟名足は、現在奈良市法華寺町に鎮座する宇奈多理坐高御魂神社のことである。調とは古代の税金のことである。

持統天皇6年は692年にあたる。こうした文書に記されているところからすると、この時点で、大和神社は相当に有力な神社と見なされていたことになる。

平安時代、春日大社の台頭によって神領を侵食され衰退

正倉院文書に記載されている『大倭国正税帳』では、山辺郡の神戸稲を組み合わせ1041束を大和神社の祭祀料に充てていたとされている。また、平安時代の法制書『新抄格勅符抄』では、天平勝宝元年から大同元年にかけて、大和神社は、大和・尾張・常睦・安芸・出雲・武蔵の諸国に、伊勢神宮に次ぐ327戸の神戸を有していたとされる。神戸は、神社に対して寄進された封戸のことで、その戸に属する人間が神社に税を納め、課役（仕事）を担った。

それだけ重要な神社であるために、神階は、850年（嘉祥3年）に従二位が、867年（貞観9年）に従一位へ上昇し、897年（寛平9年）には正一位が授けられている。『延喜式神名帳』では、大和国山辺郡の筆頭に大和神社があげられていた。

ただし、平安京に遷都されると、藤原氏の氏神である春日大社が台頭し、大和神社は石上神宮とともに衰退し、広大だった神領も侵食されてしまった。そこに、大和神社が注目されなくなる根本的な原因があった。

『天理市史』（天理市史編纂委員会編、天理市）によれば、８２４年（天長元年）に、第53代の淳和天皇の勅願によって空海が、天理市柳本町の釜口に真言道場として長岳寺を建てたということが、『大和国陳迹名鑑図説』に出てくるとされる。この長岳寺は大和神社の神宮寺であったとされるが、そのあたりのことについては、あまりよく分からない。その原因は、大和神社の衰退に求められるであろう。

大和神社の境内には、摂社として高龗神社がある。祭神は雨師大神で、水の神であり、二十二社のうち、下八社に含まれる丹生川上神社の本社であるともされる。

高龗神社の例大祭は6月1日で、昔は10年に一度の大祭のおりに、和歌山、吉野、宇陀など近隣から千人余りの参拝者の列が続いたと言われる。その際には、丹生川上神社が金御幣を持ち、最後尾は末社の狭井神社が務めたという。

丹生川上神社については、改めて述べることになるが、上社の祭神は高龗大神で、中社・下社も水の神である。祈雨と二十二社のかかわりについては、すでに序章でふれたが、祈雨は二十二社の祭祀において極めて重要な意味を持っていた。

ここまで述べてきた各神社は、天皇家や豪族、摂関家との結びつきなど、政治的な意味合いが強かったが、これ以降に登場する神社には、自然現象とその制御にかかわる信仰が示される場合が少なくない。

大和神社の場合、古く持統天皇の時代から奉幣が行われていた以上、十六社の段階で、そこに含まれて当然である。だが、その後は、必ずしも神社として重要な存在とは言えなくなっていく。そこが上七社に含まれる京都の神社との違いである。

倭国造となった倭氏が、すぐにふるわなくなったことも、大和神社の重要性が失われる原因となったことだろう。

第12章　廣瀬大社

同時に使者を送りあった龍田大社との密接な関係

「廣瀬神社」なのか、それとも「廣瀬大社」なのか。これは悩むところである。

二十二社について特集した『歴史読本』では、「広瀬神社」と書かれている。だが、当の神社のホームページを開いてみると、「廣瀬大社」とある。ウィキペディアでも、「廣瀬大社」だが、旧称は「廣瀬神社」とあり、「第二次大戦以降、廣瀬大社と称するようになった」とある。

ここまで見てきた神社のなかで、大社を名乗っているのは、松尾、伏見、春日である。大社と言えば、もっぱら出雲大社をさすことも多い。序章でも述べたように、古くは「名神大社」という言い方があったし、官幣社や国幣社は大社と小社に区別された。また、近代の社格制度では官幣大社や国幣大社が誕生した。時代によって大社の意味は変わってきた。一つの神社についても、大社と呼ばれていた時期があれば、そう呼ばれていない時期もある。そこがややこしい。

寺院の場合には、「山号」と「寺号」がある。比叡山延暦寺や高野山金剛峯寺といった具合にである。それが原則になっているが、神社だと、そうした原則がない。

この神社について、『延喜式神名帳』では、「廣瀬坐和加宇加賣命神社」と記されている。これは、「廣瀬に坐（いま）す和加宇加賣命（わかうかのめのみこと）神社（かむやしろ）」と読む。ただ、これはどの神社にも共通して言えることだが昔は、たんに「社」をつけて、「廣瀬社」と広く呼ばれていた。ここでは、神社自体が称している「廣瀬大社」と呼ぶことにする。

廣瀬大社に特徴的なことは、次の章で述べる龍田大社との関係である。『日本書紀』では、天武天皇の時代から持統天皇の時代にかけて、廣瀬大社と龍田大社に同時に使者を送り、二つの神社で祭祀を行った記録が残されている。両社の祭祀は一体のものとして営まれていた。廣瀬大社のホームページでも、「農業主宰の大霊神に坐しますことは国史に明らかであり、廣瀬大忌神（おおいみのかみ）と龍田神とを水と風の陰陽神（いんようのかみ）と申して風雨を調え豊かな稔りを祈ることに験（げん）があります」と述べられている。陰陽神と言えば、普通は伊邪那岐命と伊邪那美命をさすが、ここでは対になった神ということだろう（余談だが、陰陽神が恋多き歌人、在原業平をさすこともある）。

廣瀬龍田両社の祭祀の記事は、『日本書紀』にはあっても、それに続く『続日本紀』にはまったく出てこない。ただ、７５７年（天平宝字元年）に施行された養老律令の「神祇令」には、「孟夏（夏のはじめ）」と「孟秋（秋のはじめ）」の祭祀のなかに、大忌祭と風神祭があり、両社同時の祭祀は依然として続いていたと考えられる。廣瀬大社について考える上では、この龍田大社との関係を念頭におかなければならない。

廣瀬大社の祭神は若宇加能売命である。あわせて祀られた相殿神に、櫛玉命と穂雷命がある。櫛玉命は、社伝では、饒速日命をさすとされる。饒速日命は、神武天皇東征の際に、大和の豪族である那賀須泥毘古（長髄彦）が奉じていた神とされる。奈良県高市郡明日香村には櫛玉命神社がある。穂雷命の方は、伊邪那岐命と伊邪那美命のあいだに生まれた火の神、火之迦具土神をさす。

主たる祭神である若宇加能売命の「若」は美称であり、「宇加」は穀物を意味する。廣瀬大社は、「太古天上にて皇大御神の御膳神として忌み清まはりて其の職に仕え奉られたことから大忌神とも申されます」と説明している。皇大御神は伊勢神宮の内宮に祀られた天照大神のことで、御膳神は食事を司る神のことである。

若宇加能売命が、天照大神の食事を司る神であるとすれば、伊勢神宮の外宮に鎮座する豊受大神と同じ役割を天上で果たしていたことになる。実際、廣瀬大社では、若宇加能売命は豊受大神や伏見稲荷大社の宇加之御魂大神と同じ神だとしている。ただ、記紀神話に若宇加能売命は登場しない。

廣瀬大社の水の神と龍田大社の風の神

廣瀬大社がいつ創建されたかは分かっていない。文献にはじめて現れるのは、『日本書紀』の天武天皇のくだりにおいてで、天武天皇4年4月10日に、「小錦中間人連大蓋・大山中曽祢連韓犬を遣して、大忌神を廣瀬の河曲に祭らしむ」とある。河曲は川が合流する場所をさす。

廣瀬大社は、『日本書紀』にはじめて現れた時点で創建されたという見方もできる。だが、古代史の平林章仁は、『七世紀の古代史―王宮・クラ・寺院』（白水社）において、廣瀬大社が衰退する15世紀初頭に遡ると考えられる土地の古い伝承で、祭神が水足明神とされていたことを指摘し、地域の人々が信仰してきた水神が廣瀬大社のある場所で元来祀られていた可能性を示唆している。

『日本書紀』よりも古い史料がない以上、この説が正しいのかどうかを判断することは難しい。古代史の山口えりは、「広瀬大忌祭と龍田風神祭の成立に関する一試案―祝詞の検討を中心として」（『史観』第158冊、2008年）という論文において、大忌神には水神の意味はないとしている。龍田大社の風神祭の方は、風の害によって作物をだめにする龍田の神と契約し、五穀豊穣を祈願するためのものである。それに対して、廣瀬大社の大忌祭は、稲作に必要な水を祈るとともに、風神が害を及ぼさないよう、それを避ける（大いに忌む）ための祭祀であったという。山口は、「広瀬の神は風神に対して大忌神なのである」と述べている。

同じ山口は、「広瀬大忌祭と龍田風神祭の成立と目的について」（『国立歴史民俗博物館研究報告』148、2008年12月）という別の論文で、廣瀬大社の周囲に多くの川が流れ、交通の要衝、さらには政治上の要衝であったことを指摘している。これは廣瀬大社を訪れてみれば、すぐに分かることだが、廣瀬大社のすぐ脇には大和と河内・摂津を結ぶ大和（やまと）川が流れており、そこには佐保川や初瀬川などさまざまな川が流れ込んでいる。

『延喜式』には、大忌祭の祝詞が載っているが、そこでは、廣瀬大社の祭神だけではなく、

「倭国の六つの御県の、山口に坐す皇神等の前にも」幣帛を捧げるとされている。この山口の神は、飛鳥山口神社（飛鳥坐神社の摂社）、石村山口（石寸山口神社か山口神社）、忍坂山口坐神社、長谷山口坐神社、畝火山口神社、耳成山口神社（耳無山山口神社とも）の6社であり、いずれも大和川に合流する川沿いにある。さらにこれは拡大され、必ずしも大和川に合流する川沿いにはない山口神社も大忌祭で同時に祀られることとなった。

山口は、祀られる山口神が拡大していったのは、「広瀬における祭祀が国家の統合を意味する象徴的な祭祀であった」からだとしている。古代の政治において、川を掌握することは極めて重要な意味を持っていたのである。

国家の祭祀の担い手から地域の氏神への変貌

一つ注目されるのが、平安時代に編纂された歴史書『日本三代実録』に出てくる記事である。ここで言う三代とは、第56代の清和天皇から三代続く陽成天皇、光孝天皇のことで、時期的には858年（天安2年）8月から887年（仁和3年）8月までの30年近くにあたる。

陽成天皇の治世、939年（天慶2年）7月26日のくだりに、「大和国広瀬・龍田両社造立倉各一宇、為納神宝也」とある。廣瀬大社と龍田大社に倉を一つずつ建てたが、それは神宝を納めるためだったというのだ。

また、『延喜式』（927年）巻三（神祇三 臨時祭式）には、「凡ソ、春日、廣瀬龍田等社庫ノ鑰匙(やくし)ハ官庫ニ納置キ、祭使官人祭ニ臨ミテ、請ヒ取ル。事畢(おわ)リテ返納ス」とある。春日大社や廣瀬大社、龍田大社の神庫の鍵（鑰匙）は、普段、政府の倉庫、ということは朝廷の祭祀を司る役所である神祇官の倉に納められていて、祭が行われる際に、勅使がそれを携えてきて、神庫を開け、終わるとそれを持ち帰ったというのだ。

これは二十二社ではなく、十六社の時代のことになるが、神を祀るために必要な神宝は、普段春日大社、廣瀬大社、龍田大社の倉のなかにあり、それを開ける鍵は、当の神社にはなく、朝廷が保管していたことを意味する。ということは、少なくとも、祭が行われないときに、こうした神社には、管理する人間、あるいは倉を開ける権限を持つ人間がいなかったことを意味する。

こうした記事に接すると、10世紀の段階で、現在廣瀬大社のあるところには、何があったのだろうかと想像してみたくなる。神庫は新たに建てられたわけだが、その時点で、他に社殿はあったのだろうか。神庫が建つ前には、何も建ってはいなかった可能性さえ考えられる。

今もって本殿のない大神神社についての章で、14世紀まで拝殿さえなかったことにふれた。ただ、平安時代の歴史書『日本紀略（にほんきりゃく）』には、1000年（長保2年）の記事に、「大神社鳴動」、あるいは「大神社宝殿鳴動」とある。ここで言う宝殿が拝殿をさすのか、それとも神庫をさすのかでは議論がある（『大神神社』）。それが神庫であれば、この時点で、大神神社に拝殿さえなかったことの証拠となる。この大神神社の例から考えると、廣瀬大社も神庫しかなかった可能性が浮上する。それは、龍田大社や春日大社にもあてはまるのかもしれない。注目される点であり、神社の創建と社殿の造立は同時期ではないのかもしれない。

廣瀬大社は、その性格からして、立地している場所が極めて重要であり、そこに決定的な意味があった。さまざまな川が合流する、大和川のほとりにあることが何よりも重要だった。祭祀は、おそらく川に向かって行われたことだろう。神の力によって川を制御することが、そこで行われる祭祀の根本的な目的だったからだ。ならば、やはり社殿は必要とされなかったのではないだろうか。

なお、廣瀬大社では、大和神社の章で取り上げた『官国幣社特殊神事総覧』において、特殊神事として報告されているのは2月12日の「御田植祭（おたうえまつり）」である。その際には、田植えを行うとともに、「行事中当日参拝の農民等、斎庭の砂を撒布するの風習あり」とされている。

現在の廣瀬大社では、御田植祭という形では行われておらず、2月11日には、「砂かけ祭」が行われる。そのなかには、田植えの所作も含まれており、昔の名残が見られる。砂は雨になぞらえてのもので、豊作祈願を目的にするとされている。こうした素朴な祭が行われているということは、廣瀬大社が、国家の祭祀を担う神社から、地域の氏神に変貌したことが示されている。

第13章 龍田大社

祭神は風神の志那都比売神

前の第12章で述べたように、龍田大社は廣瀬大社と密接な関係を持っていた。平安時代においては、長く廣瀬大忌祭と龍田風神祭が同時に営まれていた。

龍田大社の創建については、『延喜式』に収められた「龍田風神祭祝詞」に出てくる。皇御孫命の夢に、天乃御柱乃命と国乃御柱乃命の二柱の神が現れた。その神は、天下の公民の作物を悪い風や荒れる水によって収穫できないように傷めてきたのは自らの意志だということを悟るよう求めた。その上で、幣帛やさまざまな供物を捧げ、「吾が宮は朝日の日向ふ処、夕日の日隠る処の、龍田の立野の小野に」定めて、吾を褒めたたえれば、公民の作物は無事に育つと告げたというのだ。

皇御孫命とは、直接には、天照大神の孫である瓊瓊杵尊のことをさす。だが同時に、その子孫である天皇のこともさす。これだけでは、ここで言われる皇御孫命がどの天皇なのか分からない。

ただ『日本書紀』において、第10代の崇神天皇がさまざまに神を祀り、「八十萬の群神を祭る」（崇神天皇7年11月13日）とされていることから、崇神天皇をさすと考えられている。しかし、果たしてこれだけで、龍田大社を創建したのを崇神天皇とするのは難しいように思われる。そもそも学術的には、崇神天皇が実在したとは考えられていない。

龍田大社が文献史料に現れるのは、前の章で見たように、『日本書紀』の675年（天武天皇4年）4月10日の記事が最初である。それ以降、持統天皇の時代にも、両社の祭祀を同時に行うことが受け継がれ、それ以降もある程度の期間それが慣例になっていったものと考えられる。

現在の祭神は、祝詞にもあったように、天御柱大神と国御柱大神である。現在の本殿は2棟に分かれており、向かって左に天御柱大神が、右に国御柱大神が祀られている。

龍田大社では、天御柱大神の別名を志那都比古神とし、国御柱大神の別名を志那都比売神としている。志那都比古神は、『古事記』に登場する。伊邪那岐命と伊邪那美命が生んだ神の一つで、「風神」とされている。

龍田大社はもともとどこにあったのか?

志那都比売神の方は、『古事記』には出てこない。龍田大社の説明では、天御柱大神を陽とし、国御柱大神を陰としている。廣瀬大社と龍田大社の祭神が陰陽の神とされていることについては、前の章でふれたが、そうした考え方を龍田大社が取り入れて、祭神を陽と陰に割り振ったのかもしれない。

ただ、そこには根拠と言えることがある。

カイツブリの一種に息長鳥(しながどり)がいる。息長鳥はカイツブリの古い名前だともされる。この鳥は水のなかに長く潜っていられるため、「しな」には息が長いという意味がある。そこから、風が遠く吹き渡るということで、志那都比古神の「志那」となったのだろう。

一つ問題なのは、龍田大社がもともとどこにあったのかということである。『延喜式神名帳』では、「龍田坐天御柱国御柱神社二座」の他に、もう一つ龍田を名乗る神社が出てくる。「龍田比古龍田比女神社二座」である。奈良県生駒郡斑鳩町龍田には龍田神社があり、祭神として天御柱大神と国御柱大神を祀っている。

どちらがもともとの龍田大社なのかということになるが、前の章でも取り上げた山口えりは、「広瀬大忌祭と龍田風神祭の成立と目的について」の論文の注10のなかで、多くの論者が現在の龍田大社を本宮とし、龍田神社の方を新宮としていることを紹介している。ただ、もう一つ問題になるのは、龍田大社が古来から現在地にあったかどうかという点である。

まず、龍田大社の西南西、海抜137メートルの三室山には、龍田大社の飛び地境内地として「龍田神社本宮跡」という場所があり、そこには石碑が建っている。

さらにその西北西には、御座峰（ござがみね）があり、そこは龍田大社の風神が降臨した場所とされている。やはりそこには「龍田山伝承の地」の石碑が建っている。こちらの方が重要だと思われるが、それは、7月第1日曜日に行われる「風鎮祭」の翌日に、こちらでは現在も「御座峰山神祭（ござがみねさんじんさい）」が営まれているからである。

龍田大社の説明では、風鎮祭が無事に営まれたことを奉告するためのものとされる。ただ、奉告するということは、そこに神が鎮座しているということであり、風神は最初にそこに降臨しただけではなく、今も御座峰に鎮座しているとも考えられる。

『万葉集』巻6には、龍田大社を詠んだ歌がいくつか収められている。たとえば、174

7は、「白雲の　竜田の山の　滝の上の　小桜の嶺に　咲きをる　桜の花は　山高み　風し止ねば　春雨の　継ぎてし降れば　上つ枝は　散り過ぎにけり　下枝に　残れる花は　しましくは　散りなまがひそ　草枕　旅行く君が　帰り来るまで」とある。

岩波文庫版の現代語訳では、「（白雲の）竜田山の激流のほとりの小桜の嶺に、咲きたわんでいる桜の花は、山が高くて風が吹き止まないので、また春雨が続いて降るので、上の梢の枝はすっかり散ってしまった。下の枝に残っている花は、しばらくの間は散り乱れるな。（草枕）旅立って行く君が帰って来るまで」となっている。

また、１７５１には、「山おろしの　風な吹きそと　うち越えて　名に負へる社に　風祭せな」とある。これは、「山おろしの風よ吹くなと、峠を越えて行って、風の神の名をもつ竜田の社で風鎮めの祭をしよう」と訳されている。こうした歌からは、龍田山、龍田大社と言えば風という印象を古代の人々が強く持っていたことがうかがえる。

現在の風鎮大祭の目玉は「風神花火」だが、薄れる風鎮の信仰

神道学の青木紀元は、『日本神話の基礎的研究』（風間書房）という著作のなかで、龍田大社について、「大和川が生駒・信貴の連山と葛城・金剛の連山の間を割って西へ流れる、

その大和川の口に当たっている」とした上で、大和国と河内国を隔てる連山が風を防いではくれるものの、大和川の割れ目のところだけは吹き通しになることを指摘している。割れ目を吹き抜けた強い風は、大和国の農作物に被害をもたらしたというのである。

山口えりは、すでに見た論文のなかで、『日本書紀』（皇極2年4月）での記述を踏まえ、古代の飛鳥の都の人々は、西北から風が吹いてくることを認識していたはずで、「西風に敏感であった」としている。西風を抑えなければならないというところに、龍田大社で風祭が行われる必然性があった。それは、廣瀬大社において、川を制御する必要があったことと対応している。

現在の風鎮大祭で目玉になっているのは、「風神花火」である。これは、手筒花火をあげ、五穀豊穣や家内安全を祈るものである。暑い7月は花火のシーズンである。

しかし、『官国幣社特殊神事総覧』では、このことにはふれられていない。なぜか龍田大社の存在意義にかかわる風鎮大祭自体についても報告されていない。御座峰山神祭（ござがみねさんじんさい）についても、まったくふれられていない。

報告されているのは、4月4日の例大祭のことで、「中世放生会の遺風をのこせり」とされている。放生会（ほうじょうえ）は、本来仏教で説かれる殺生戒（せっしょうかい）（生き物を殺すことを禁じる戒律）にもとづき、鳥や魚を放つ行事である。神仏習合の時代には、宇佐神宮や石清水八幡宮など八幡神社の放生会が名高く、その伝統は今にも受け継がれている。現在の龍田大社でも、例大祭の最後には放生祭が営まれている。

　ここにも、廣瀬大社と同様に、龍田大社が、国家の祭祀を担う神社から、地元の鎮守に変貌したことが示されている。なんとしても風を鎮めて欲しいという願いが、現代では薄れているのだろう。だが、御座峰山神祭が受け継がれているところには、古代の信仰が消えてしまったわけではないことが示されている。

　境内には、末社の一つとして白龍（はくりゅう）神社があるが、そこには社殿はなく、磐座が祀られている。その由緒はこうだ。江戸時代末期に、龍田大社の神域に白蛇が出現したものの、明治時代後期にはその姿が見えなくなったという。ところが、１９０８年（明治41年）の春に、葛城郡のにごり池に白龍として出現したという知らせがもたらされ、宮司や氏子が辛（から）櫃（ひつ）を持って迎えにいった。それで、白龍神社が創建され、その後は本社の祭神の使いとして信仰を集めるようになったとされる。

　どこまでこれが事実かは分からないが、境内に磐座があったことで、そうした物語が生み出されていったのかもしれない。

第14章 住吉大社

祭神は、天照大神よりも先に生まれた三神

中七社の最後は住吉大社である。大原野神社が京都にあるほかは、大神神社、石上神宮、大和神社、廣瀬大社、龍田大社は奈良の神社で、いずれも古い歴史を持っている。住吉大社は大阪にあるが、祭神は記紀神話に登場するし、創建も奈良の各神社と同様に相当に古い。定期的に「式年遷宮」が行われ、社殿の修繕などが行われていることも、住吉大社の歴史の長さを示している。第49回の式年遷宮は2011年（平成23年）に行われた。

現在では、大阪近辺の人たちが初詣に訪れる神社として、住吉大社は筆頭にあげられる。参拝者の数は200万人を超えるとされ、大阪全体の氏神のような存在になっている。これは、奈良の各神社には見られないことである。

住吉大社では、その創建について、神功皇后が新羅遠征を行い、新羅を平定して帰還した際、住吉大神の神託によって現在地に鎮座したとしている。

これは、南北朝時代の1364年から1380年までに編纂されたと考えられる後光厳天皇（北朝の第4代天皇）から後円融天皇（同第5代天皇）までの年代記『帝王編年記』に出てくる。『帝王編年記』の撰者は永佑という僧侶ともされるが、個人の作った歴史書だけに、どこまで信用していいかは分からない。ただ、『興福寺年代記』の749年（天平勝宝元年）のくだりには、住吉大社が造営されたことが記されている。

『古事記』では、黄泉国から戻ってきた伊邪那岐命が穢れを洗い清めたときに、海のなかから住吉大社の祭神となっている底筒男命、中筒男命、表筒男命が生まれたとされる。天照大神が生まれたのは、その直後であり、住吉大社の祭神の方が早い。そこでは、「墨江三前大神」とされている。墨江は住吉のことである。現在では、「住吉大神」と呼ばれる。

住吉大社の祭神の誕生については、『日本書紀』でも記されており、そこでは、住吉大神を構成する三柱の神の名をあげ、「是則住吉大神なり」としている。

『古事記』においては、もう一箇所、住吉大神が登場する場面がある。それは、第1章でも述べたように、第14代の仲哀天皇のくだりにおいてである。

　自らに逆らった仲哀天皇を殺してしまった神は、「これは天照大神の御心である。また、底筒男、中筒男、上筒男の三柱の大神である」という答えを返してきた。その上で、この神は、新羅国を欲しいというのであれば、天神地祇、諸々の神々に幣帛を奉り、自らの御霊をその国へむかう船に祀るよう指示してきたのだった。

　こうしたことから、住吉大神は海の神、航海安全の神として信仰されてきた。大和神社の章でもふれたように、遣唐使船には住吉大神が祀られていた。

　『万葉集』巻19の４２４０から４２４７までは、７５２年（天平勝宝4年）の遣唐使の大使となった藤原清河（きよかわ）にかかわる歌だが、４２４３は、「住吉に斎（いつ）く祝（はふり）が神事（かむごと）と行くとも来とも船は早けむ」（住吉の神にお仕えする神官が神のお告げとして言った、行きも帰りも船は速やかであるぞと。現代語訳は『岩波文庫』による）とある。

　また、４２４５は、作者は不明だが、７３３年（天平5年）の遣唐使に贈られた歌が出てくる。そこでは、「住吉の　我が大御神　船舳（ふなのへ）に　うしはきいまし」（住吉の我が大御神よ、船の舳先で導き）という部分が含まれている。

「住吉大神を最初に祀ったのはうちだ」と主張する福岡の住吉神社

そもそも遣唐使船は、住吉大社に近い難波津から出港していた。『延喜式』巻9には、「遣唐使時奉幣の祝詞」が載っているが、そこでは、適当な港がないので、播磨国から出港させようとしたところ、住吉に祀られている皇神が立派な港を作ってくれと述べられている。ここで言う皇神は住吉大神のことである。東野治之は、「往復とも多くの積荷を運ばなければならない使節としては、難波津と飛鳥を結ぶ大和川の舟運が利用されたことだろう」と述べている（前掲『遣唐使』）。

ただ、住吉大神を祀る最初の神社は、住吉大社ではないとする説もある。それを主張しているのが、福岡市博多区住吉にある住吉神社である。『古事記』において、住吉大神が登場するのが、同じ福岡市の東区香椎にあった訶志比宮であったことからすると、まったく根拠のない主張とは言えない。訶志比宮は、その後、香椎宮として神社になるが、最初は天皇が行幸する宮であった。

航海安全の神であることに関連すると考えられるのが、住吉大社の社殿の配置である。住吉大社の本殿は、「住吉造」と呼ばれる特異な形式になっていて、屋根には千木と鰹木を戴いているが、切妻造りの屋根に反りがなく、直線的なところに特徴がある。また、内部は外陣と内陣に分かれていて、形は大嘗祭のときに建てられる大嘗宮の悠紀殿と主基殿に似ている。

　三柱の住吉大神を祀る第一本宮から第三本宮までの3棟は、東西の軸に直列に並んでいる。神功皇后（息長足姫命）も祭神として第四本宮に祀られているが、これだけは直列に並んでおらず、第三本宮の北に位置している。これは、4艘の舟が並んで海を航行する姿を示したものだと言われ、遣唐使船との関連が指摘されてきた。

　現在の社殿は、1810年（文化7年）に造営されたもので、江戸時代後期の建物である。国宝にも指定されているが、社殿のあり方は、当時と現在では違うところがある。

　1704年（宝永元年）以前に作られたと考えられる「住吉社古図」を見ると、第一本宮の手前、第二本宮との境のところに塀、ないしは回廊があり、第一本宮だけが特別な扱いを受けていたことが分かる。それは、現在の社殿が造営された後に熊沢楚石という人物が描いた「住吉大社・四天王寺図」でも同じである。

　さらに、1898年（明治31年）に描かれた「官幣大社住吉神社之図」でも同じである。こうした図を見ると、第一本宮が本殿で、他の三つの本宮は、第一本宮に従う摂社か末社、あるいは別宮であるように見える。実際、現在でも、第一本宮の拝殿は他の本宮よりも幅が広い。これが何を意味するのか、注目されるところである。船団を象っているという説は必ずしも成り立たないのではないだろうか。長く第一本宮が住吉大社の中心と見なされていたことは間違いない。

『源氏物語』では光源氏の、鎌倉時代は武士の、近世は廻船問屋の神に

住吉大社の神を代々祀ってきたのが、津守氏である。『日本書紀』では、田裳見宿禰が津守氏の祖とされているが、神道学者で住吉大社の宮司でもあった真弓常忠は、田裳見宿禰の出自は尾張氏で、母方は紀国造であるとし、ともに海人族であるとしている。津守とは、港湾（津）の守護に任じられていることを意味する（『住吉信仰――いのちの根源、海の神』朱鷺書房）。

住吉大社が、今の大阪、かつての摂津国において、歴史も古く、極めて重要な神社であったことからして当然だが、「新羅寺」という神宮寺があった。

新羅寺の創建は７５８年（天平宝字2年）のこととされ、本尊として薬師如来を祀っていた。住吉大社では発掘調査が行われていて、２００９年に住吉大社歴史的建造物調査委員会編『住吉大社歴史的建造物調査報告書』（住吉大社奉賛会）が刊行されており、そこ

には、発掘にもとづいた新羅寺の境内図が載っている。

それを見ると、薬師堂である本堂の両脇には廊下が延び、北に向かって右には法華三昧(ほっけさんまい)堂(どう)が、左には常行(じょうぎょう)三昧堂がある。比叡山の西塔には、廊下でつながった法華三昧堂と常行三昧堂があり、弁慶がそれをかついだという伝説があることから「にない堂」と呼ばれている。比叡山では本堂はないが、それを彷彿とさせる建物である。

本堂の背後には、やはり廊下で結ばれた食堂があり、本堂の前には東塔と西塔が建っている。ほかに、大日堂や経蔵、僧坊もあり、新羅寺がかなり規模の大きな寺であったことが分かる。すでに見た１７０４年の「住吉社古図」でも、新羅寺の境内は同様の形態をとっている。

住吉大社の神宮寺としてはほかに、荘厳浄土寺(しょうごんじょうどじ)と津守寺があり、「住吉三大寺」と呼ばれていたが、新羅寺と津守寺は廃寺となり、荘厳浄土寺だけが残されている。荘厳浄土寺でも発掘調査が行われ、巨大な礎石が発見されているので、昔は立派な寺であったことが予想される。住吉大社の南南東にある墨江小学校には、津守廃寺の石碑が建っている。

これは、大和神社の章でもふれたが、『日本書紀』において、藤原京を作る土地を定めた際に、「使者を遣して、幣(みてぐら)を四所(よところ)の、伊勢・大倭・住吉(すみのえ)・紀伊の大神に奉らしむ」という記事が出てくる。これは、住吉大社が、もともとは朝廷に祀られていた二柱の神を遷した伊勢神宮や大和神社と肩を並べるほど重要な神社であったことを意味する。

平安時代においては、「歌の神」としても信仰を集めるようになり、『源氏物語』では、光源氏の父である帝と、母方の祖父の甥にあたる明石入道が、住吉大神を信仰していることが描かれ、光源氏自身住吉大社に詣でている。鎌倉時代に入ると、武家の信仰も集めるようになり、住吉大社の重要性はさらに増した。

近世に入ると、廻船問屋（荷主と船主の間で積荷の取り扱いをした業者）なども信仰するようになり、住吉大社の信仰はさらに広がりを見せた。それが今日の隆盛にも結びついているのである。

中七社のまとめ

神話の神への信仰と、自然の制御を目的とした信仰

上七社が、伊勢神宮と春日大社を除いて、ほかはすべて京都にあるのに対して、中七社に含まれる神社は、大原野神社と住吉大社を除いて奈良にある。奈良は、かつての大和国であった。

大原野神社については、長岡京に遷都された際に、春日大社から春日神を勧請して創建されたものであり、長岡京が長く続いたら、さらにその重要性は増していたことだろう。長岡京から平安京への遷都以降も、大原野神社は「京春日」として、その創建にかかわった摂関家の藤原氏、あるいは藤原氏の摂政関白が娘を送り込んだ朝廷の信仰を集めた。大原野神社は平安京以前の神社である点では、奈良の各神社と共通している。

中七社に含まれる奈良の神社、大神神社、石上神宮、大和神社、廣瀬大社、龍田大社は、いずれも古い歴史を有している。とくに、大神神社、石上神宮、大和神社は、神話と深く

結びついていた。それは、鎮座する場所が摂津国と離れている住吉大社にも共通する。

『古事記』や『日本書紀』に記された神話は、あくまで架空の物語であり、代々の天皇の事績がつづられている部分についても、歴史的な事実がそこにもりこまれているとは言えない。

したがって、記紀神話につづられた各神社の創建のいきさつを、そのまま事実として受けとることはできない。あくまで古代の人々の神話的な想像力が生み出したものととらえるしかないのである。

しかし、神話のなかで語られていることの意味は決して小さくはない。神話は儀礼のシナリオになることもあるし、権力の正統性を保証することもある。それに、古代の人たちの思考を、現代人と同じものと見るわけにはいかない。古代人にとって、神話に描かれた出来事は、決して架空のことではなく、事実として受けとられていたのである。

もう一つ、中七社に含まれる神社で注目されることは、自然を制御することを目的としたものがあるということである。

その代表が廣瀬大社と龍田大社である。この二つの神社の祭は、廣瀬大忌祭と龍田風神祭ということでセットになっていた。

廣瀬大社は、多くの川が合流する大和川沿いにあり、川の水を制御することを祭祀の目的としていた。一方、龍田大社は、大和国に吹く風を制御することを目的としていた。

川の水を制御し、風を制御しなければ、農作物を無事に育て上げることはできない。現代であれば、技術の力に頼り、そうした目的を実現することができるかもしれないが、古代においては、まだその面で人間は非力であった。作物が実らなければ、飢饉が到来し、さらには流行病にも襲（おそ）われた。その意味で、自然を制御することを目的とした信仰には相当に切実なものがあった。

それは、住吉大社についても言える。住吉大神は神話のなかで、伊勢神宮に祀られた天照大神と密接な関係を持っていたが、同時に、航海の安全を祈願する神として信仰され、とくに遣唐使の無事を祈るために祀られていた。航海技術がまだ未熟な時代、唐に船で渡ることは命懸（が）けの旅だったのである。

第3部 下八社

第15章 日吉大社

畿内になかったが、比叡山延暦寺との密接な関係で二十二社に

日吉大社は滋賀県大津市坂本にある。二十二社のなかで滋賀県、かつての近江国に鎮座する神社は日吉大社だけである。

日吉大社は、もっとも遅く二十二社に含まれた。しかも、八坂神社が加えられて二十一社になったのは995年のことで、日吉大社が加えられるのは、なんとその44年後の1039年のことである。十六社へ幣帛を捧げることは898年からはじまっていた。それから日吉大社が加えられるまで141年が経過している。

日吉大社が加えられた後も、二十一社だけの奉幣が行われていて、正式に加えられたとは言えない状態が続いた。その地位が確定するのは、1081年（永保元年）のことで、

そこで、二十二社は「永制」となった（前掲『日本神道史』）。こうした経緯からすれば、日吉大社はさほど重要な神社ではなかったことになる。

だが、日吉大社は、下八社の筆頭に位置づけられているし、何より歴史が古い。さらには、比叡山延暦寺との関係も密接である。境内やその外には多くの摂社、末社を抱えている。そのうちの主なものは、「山王二十一社」を構成し、二十二社と似た形で、上七社、中七社、下七社に分かれている。とくに上七社は「山王七社」とされ、日吉大社において中心的な位置を占めている。

山王は日吉大社の別称で、その系列にある神社は日吉神社、日枝神社、山王神社などと呼ばれる。神社本庁が行った「全国神社祭祀祭礼総合調査」では、全国の7万9355社のうち、日吉大社の系統は1724社にのぼる。

『歴史読本』の二十二社の特集において、「二十二社とは何か」を寄稿している日本史の榎村寛之は、日吉は延暦寺との関係で例外的に入ったものだと述べている。伊勢神宮は別格だが、他の神社は畿内（大和・山城・河内・和泉・摂津）の有力な神社で、近江国は畿内には含まれないからである。

日吉大社の歴史は古く、神社の側は、今からおよそ2100年前、崇神天皇7年に創建されたとしている。ただし、『二十二社註式』では、日吉大社について、「当社鎮座年紀不分明」としている。由緒は分からないというのだ。

『古事記』のなかでは、大国主神について述べた箇所に、日吉大社の東本宮の祭神である大山咋神のことが出てくる。須佐之男命の子である大年神が、神活須毘神の娘と結婚して生んだ神の一柱としてで、「大山咋神、亦の名は山末之大主神。此の神は近淡海国の日枝の山に坐し」とされている。近淡海国は近江国のことである。

さらにこれに続けて、「亦葛野の松尾に坐して、鳴鏑を用つ神ぞ」とある。第4章でも見たように、松尾大社の祭神も大山咋神であった。これは、第3章ではふれなかったのだが、賀茂神社の丹塗矢の伝説に関連して、前掲の「秦氏本系帳」では、上賀茂神社の祭神である賀茂別雷大神は大山咋神であるとされている。『二十二社註式』でも、大山咋神は賀茂、松尾と同体であるとされている。

日吉大社と松尾大社については、共通する点が少なくない。松尾大社の神体山である松尾山には磐座があるわけだが、日吉大社の参道にも磐座がいくつか見られる。また、松尾山には「松尾山古墳群」があり、日吉大社にも「日吉社東本宮古墳群」がある。松尾大社と渡来人の秦氏との関係についてはすでにふれたが、日吉社東本宮古墳群の方も、渡来人系の古墳であるとされている。

東本宮と西本宮、土着の神体と外来の神の2つの系統

『日吉社禰宜口伝抄（ひよししゃねぎくでんしょう）』（写本は1047年＝永承2年）という史料には、大山咋神は、もともと比叡山の東の尾根にある八王子山（牛尾山とも呼ばれ、小比叡峰（おびえのやま）の別称もある）に祀られていた地主神だとされている。八王子山の山頂には、金大巖（こがねのおおいわ）と呼ばれる10メートルほどの巨大な磐座があり、その手前には、日吉大社の摂社となる牛尾（うしお）神社と三宮（さんのみや）神社が鎮座している。牛尾神社の祭神は大山咋神の荒魂とされ、三宮神社の祭神は鴨玉依姫神（かもたまよりひめのかみ）の荒魂とされる。鴨玉依姫神は大山咋神の妻とされる。

現在でも、日吉神社の祭として、4月12日から15日にかけて「山王祭」が行われる。そのなかには、12日の夜に行われる「午（うま）の神事」が含まれる。これは、3月上旬に2基の神輿を牛尾神社と三宮神社に上げておき、12日当日、松明に先導されながら、神輿が麓まで坂道を駆け下りるものである。これは、東本宮の祭神がもともとは金大巖に鎮座していた可能性を示唆している。まさに、八王子山の地主神である。

日吉大社にはもう一つ、西本宮があり、その祭神は大己貴神（おおなむちのかみ）である。その経緯について

は、やはり『日吉社禰宜口伝抄』に記されており、「天智天皇七年戊辰三月三日、鴨賀島八世孫宇志麻呂が詔して、大和国三輪に坐す大己貴神を比叡の山口において祭る、大比叡宮と曰ふ」とある。

『二十二社註式』では、大江匡房（平安後期の学者・歌人）の「扶桑明月集」には、５４０年（欽明天皇元年）に、大和国城上郡に大三輪神が天降り、６６８年（天智天皇７年）には、大比叡の大明神が日吉に顕れたとし、三輪の大物主神とともにこの国の地主神であるとされている。

大物主神は、大国主神の和魂であるとされる。そして、大国主神の別名が大己貴神である。したがって、大神神社に祭神として祀られた大物主神は、日吉大社西本宮の祭神と同体ということになる。

こうしたことを踏まえ、『歴史読本』の日吉大社の紹介文において、宮里立士は、「日吉大社は、土着の氏族の古代祭祀的要素が濃く、地縁的にもつながりが深い神体山系の神と三輪山から勧請した外来の神と二つの系統の神々によって構成されている」と指摘している。前者が東本宮で、後者が西本宮である。

神階ということについても、東本宮と西本宮とは別に進んでいき、正一位に叙せられたのは、東本宮が1183年(寿永2年)であったのに対して、西本宮は880年(元慶4年)のことであった。大己貴神(=大物主神)を祀る西本宮の方が重視されていた。それは、西本宮が「大宮」、あるいは「大比叡」と呼ばれたのに対して、東本宮が「二宮」、「小比叡」と呼ばれたところにも示されている。

このように、日吉大社は歴史も古く、祭神も神話に登場する。その点を考えれば、重要な神社として二十二社にもっと早い段階で含まれていてもおかしくはないように思える。だが、二十二社に含まれるまで、朝廷が日吉大社に幣帛を捧げるなどしてかかわりを持ったということは、史料に出てこない。それは、日吉大社が畿内から外れていたからだろう。朝廷の視野に入っていなかったのである。

最澄と比叡山延暦寺とのかかわり

ところが、日吉大社の存在感は、平安時代に入ると変化を見せていく。何よりも重要なのは、比叡山延暦寺の存在である。比叡山延暦寺は、比叡山の山中に最澄が開いた天台宗の総本山である。

最澄は、766年(天平神護2年)、ないしは767年に、滋賀県大津市坂本の一帯を支配していた豪族の三津首百枝を父として生まれた。仏教史の末木文美士は、『日本仏教史』（新潮文庫）において、百枝が渡来人の家系であると述べている。これには異説もあるが、もし渡来人の家系であれば、日吉社東本宮古墳群とのかかわりが生まれてくる。

７８０年（宝亀11年）には近江国分寺の行表のもとで出家得度し、７８５年（延暦４年）には東大寺で具足戒（出家者の守るべき戒律を満たしたと証明する儀式）を受け、正式な僧侶になっている。比叡山に入ったのはこの年のことで、７８８年には一乗止観院という延暦寺の前身にあたる草庵を結んでいる。

７５１年（天平勝宝３年）に撰述された日本で最初の漢詩集である『懐風藻』には、麻田陽春が作った「近江は惟れ帝里、裨叡は寔に神山。山静けくして俗塵寂み、谷間けくして真理専らにあり」という詩が載せられている。

これは、７４５年（天平17年）に近江国の国主に任命された藤原仲麻呂が、亡くなった父親の武智麻呂が俗界を離れ、比叡山で仏道修行を行ったことについてうたった歌に合わせて作ったものである。『叡山大師伝』では、最澄の父の三津首百枝が八王子山の西側にある神宮禅院に草庵を結び、懺悔の行を行ったとされている。これが事実であれば、最澄が登る前から、比叡山は修行の場として認識され、活用されていたことになる。

最澄はその後、797年（延暦16年）に、天皇の安穏を祈願する内供奉十禅師に就任し、804年には、空海と同じときの遣唐船で唐に渡り、天台教学の本場である天台山で学んでいる。

最澄が唐に渡る3年前の794年には、長岡京から平安京への遷都が行われた。これによって、京が都と定められたわけだが、重要なことは、最澄の登った比叡山の近くに都が遷ってきたことである。しかも、延暦寺は都の東北、鬼門の方角に位置することになった。延暦寺が鬼門の位置を占めることで、禍が起こることを封じていると考えられるようになる。第2章で述べた石清水八幡宮の場合には、都の裏鬼門の位置にあった。

もちろん、最澄はそれを意図して延暦寺の前身となる一乗止観院を建てたわけではない。それはあくまで偶然だが、帰国した最澄は、天台教学とともに、必ずしも十分な形ではないが、密教を学んできたことから、桓武天皇の要請で、日本で初めて密教の灌頂（授戒の儀式）を行っている。806年（大同元年）には、国家によって認められる僧侶の定員が天台宗にも割り当てられ、奈良の南都六宗と同等の地位を与えられた。最澄と天台宗が重要性を増すことは、比叡山の存在感を強めることにも結びついた。

最澄が日吉大社を、延暦寺を守護する神社と定めた

晩年の最澄は、延暦寺に大乗戒壇を建立することに力を注ぐ。それは、最澄が生きている間にはかなわなかったが、死の直後に実現する。これによって、延暦寺で大乗戒（出家と在家に共通して与えられる戒）を授かれば、東大寺で受戒しなくても正式な僧侶となる道が開かれた。それは、延暦寺の重要性をさらに増すことになる。最澄以降にも、円仁や円珍といった高僧が輩出され、中世における延暦寺は仏教界の中心に位置するようになり、鎌倉仏教の宗祖たちも、こぞって延暦寺で学んだ。

最澄は、日吉大社を延暦寺を守護する神社としてとらえた。やがて、日吉大社の祭神は、「山王権現」と呼ばれるようになる。権現は、仏が衆生を救うために仮に神として姿を現した存在を意味し、中世の神仏習合の時代にはさまざまな権現が信仰の対象とされた。

山王と呼ばれたのは、最澄が中国で学んだ天台山国清寺で、周の霊王（春秋時代の周の王）の王子である晋が道教の神である山王元弼真君として祀られていたことに由来する。他にも日吉大社ではさまざまな神が祀られるようになり、すでに述べたように、山王二十一社が成立する。

中世において、比叡山延暦寺は、奈良の興福寺とともに「南都北嶺」と呼ばれ、膨大な

荘園を寄進されることで、圧倒的な力を持つまでに至る。

『平家物語』には、第72代の白河天皇が、「賀茂河の水、双六の賽、山法師、是ぞわが心にかなわぬもの」と嘆いた話が出てくる。このなかにある山法師とは、比叡山の僧兵のことをさす。

天皇でさえ、比叡山の僧兵に手を焼いたのは、春日大社の章でも述べたように、彼らが「強訴」という行動に出たからである。

日吉大社の神輿が最初に洛中に入ったのは、１０９５年（嘉保2年）で、美濃守で延暦寺の荘園を没収しようとした源義綱の流罪を要求してのことだった。このとき、朝廷は、内裏への侵入を防ぐため、検非違使や武士に警備させた。関白の藤原師通は、神輿を射るように命じたため、神矢を眉間に受けて重病になり、その3年後に38歳で亡くなってしまう。それは、神の報いだと、摂関家では信じられていた（伊藤正敏『寺社勢力の中世―無縁・有縁・移民』ちくま新書）。こうした強訴のありさまは、「山法師強訴図」（琵琶湖文化館蔵）などに描かれている。

日吉大社が二十二社に正式に加えられたのは、最初に述べたように、１０８１年のことで、神輿が洛中にはじめて入る14年前のことである。強訴との関係は明らかではないが、二十二社に加えられることで、日吉大社は朝廷と深く結びついた神社として認められ、その祭神に威力があると見なされるようになったのではないだろうか。これは、他の神社には見られないことであり、日吉大社の特異な性格を示しているのである。

第16章 梅宮大社

酒の神を祀る

梅宮大社は京都市右京区梅津フケノ川町に鎮座している。阪急嵐山線の松尾駅から歩いて10分ほどの距離にある。上七社の松尾大社からそれほど距離が離れていない。

しかも、梅宮大社と松尾大社は、ともに酒の神を祀っていることで知られる。ただし、松尾大社の祭神が大山咋神と市杵島姫命であるのに対して、梅宮大社の祭神は酒解神(さかとけのかみ)をはじめ、大若子神(おおわくこのかみ)、小若子神(こわくこのかみ)、酒解子神であり、いずれもこの神社に特有の神である。松と梅で対になっているようにも見えるが、松尾大社の神紋が葵であるのに対して、梅宮大社の方は橘(たちばな)である。橘が神紋なのは、そこが橘氏の氏神であり、現在地へ遷座してくるにあたって、橘氏に属する橘嘉智子(かちこ)がかかわっているからである。嘉智子は、第52代の嵯峨(さが)天皇の皇后であった。

酒解神、大若子神、小若子神のことがはじめて史料に登場するのは、『続日本後紀』の836年（承和3年）11月壬申（7日）のくだりにおいてである。酒解子神についても、同じく『続日本後紀』の843年5月辛亥（23日）のくだりに出てくる。

927年に成立した『延喜式神名帳』では、山城国葛野郡（現在の右京区が含まれる）に「梅宮坐神四社」とある。

一つ注目されるのは、同じ『延喜式神名帳』の山城国乙訓郡のところに、酒解神社とあることである。これは、現在乙訓郡大山崎町に鎮座する自玉手祭来酒解神社、通称酒解神社であると考えられる。酒解神社の元の名は山埼杜とされている。酒解神社は、梅宮大社の15キロほど南に位置する。ただし、両社がどう関係するのか、あるいは関係しないのかは分かっていない。

『群書類従』の神祇部23に収められた諸社の霊験記（神仏の力にまつわる説話集）である『大和豊秋津島卜定記』という史料では、酒解神が大山祇神、大若子神が木花咲耶姫命、小若子神が瓊々杵尊、酒解子神が彦火火出見尊であるとされている。現在の梅宮大社はこの説を採用している。

祀られる名門・橘氏

大山祇神は、『古事記』には大山津見神として登場し、伊邪那岐命と伊邪那美命との間に生まれた神である。大山祇神を祀る神社は、全国各地に大山祇神社や三島神社として存在する。他に、全国には山の神を祀る山神社（もしくはやまじんじゃ）があるが、そこでも、大山祇神が祀られていることがある。大山崎町の酒解神社の主たる祭神も大山祇神である。

記紀神話のなかで、木花咲耶姫命は、大山祇神の娘であり、瓊々杵尊は夫で、この二柱の神のあいだに生まれたのが彦火火出見尊であるとされる。こうした三代にわたる系譜をもとに、梅宮大社の祭神が結びつけられたということだろう。

木花咲耶姫命は、よく知られているように、富士山を神体山とする浅間神社の祭神である。大山祇神ともども山との関係が深い。酒解ということばについても、もともとは「辟解」、ないしは「境解」であり、悪霊を祓ったり、鎮めたりする神のことではないかとも言われ、酒とは関係がなかった可能性がある。

こうした点から考えると、梅宮大社の祭神は、現在では酒の神としてとらえられているもののの、もともとは山の神、あるいは境の神であった可能性がある。ただし、若子は、発酵を意味する「ワクコ」と同音だとし、そのことをもって酒と結びつける解釈もある（『歴史読本』の梅宮大社の紹介文）。

梅宮大社では、祭神の相殿（神を合祀すること）として、嵯峨天皇、その皇后の橘嘉智子、二人の子である第54代の仁明天皇、そして、嘉智子の父である橘清友を祀っている。橘清友は、奈良時代の貴族、歌人で、太政大臣をつとめた。ここに橘氏と梅宮大社の関係が示されている。

『日本三代実録』の879年（元慶3年）11月6日のくだりには、「梅宮祀者。仁明天皇母。文徳天皇祖母。太后橘氏之祖神也」とある。その884年4月7日のくだりには、「是日。始祭梅宮神。是橘氏神也」とある。

「源平藤橘」という言い方があるが、これは、名門として繁栄した源氏、平氏、藤原氏、そして橘氏をさしている。それだけ橘氏は栄えていたことになるが、光明皇后の母である県犬養三千代が、元明天皇から「橘宿禰」という氏姓を賜ったことにはじまる。

二十二社入りは、橘氏の衰退で藤原氏の支配下に入ったおかげ?

三千代の子である葛城王（かずらきのみこ）は皇族から離れ、橘諸兄（たちばなのもろえ）と改名し、そこから橘氏を称するようになる。改名したのは７３６年（天平８年）のことだが、その翌年には、天然痘（てんねんとう）が流行し、太政官のトップに君臨する藤原武智麻呂をはじめとする藤原四兄弟（他は房前、宇合、麻呂（まろ））が亡くなってしまう。これによって、諸兄に出世の道が急に開かれ、７４３年には左大臣に叙任され、７４９年（天平感宝元年（てんぴょうかんぽう））には正一位を授かっている。

ただし、最後は謀反（むほん）の疑いをかけられ、７５６年には辞職している。亡くなったのはその翌年のことだった。その後、諸兄の子であった橘奈良麻呂（ならまろ）が太政大臣にまでのぼりつめた。にもかかわらず、やはり謀反の疑いをかけられ、獄死してしまった。それで橘氏はふるわなくなるが、奈良麻呂の孫にあたる橘嘉智子が皇后になることで、ふたたび橘氏は公卿を輩出するようになる。

橘氏の栄枯盛衰は激しい。橘氏の公卿は、９８３年（永観（えいかん）元年）に橘恒平（つねひら）が亡くなったのを最後に途絶えてしまう。梅宮大社が二十社に加えられたのが９９４年のことだから、すでに橘氏は衰退にむかっていたことになる。恒平以降の橘氏は、上流の貴族とは言えなくなっていく。

梅宮大社が最初に創建されたときには、現在地にはなかった。梅宮大社のホームページでは、創建されたのは山城国相楽郡井出庄、現在の綴喜郡井出町付近としている。創建したのは、県犬養三千代であったという。

井手町には、ＪＲ奈良線の山城多賀駅や玉水駅があり、現在地からは南南東の方角にあり、距離もかなりある。町内には、「橘諸兄公旧跡」があり、そこは諸兄の墳墓とされる。

古代史の胡口靖夫は、「橘氏の氏神梅宮神社の創祀者と遷座地—橘三千代と橘諸兄をめぐって」(『國學院雑誌』78巻8号、１９７７年)という論文において、梅宮大社の最初の遷座地は廃寺となった井出寺の椋本天神、現在の玉津岡神社であるとしている。玉津岡神社の境内には、諸兄と楠木正成を合祀した橘神社がある。椋本天神は、まだ葛城王であった時代の諸兄が、７３６年(天平8年)に創祀したものだというのである。

胡口は、神社の創建は、諸兄がその年に参議に任官されたことを記念し、そのことについて母三千代に感謝するためで、その5年後の臣籍降下(皇族が姓を与えられ臣下の籍に降りること)による橘氏創設の伏線になっていたと解釈している。それを、橘嘉智子が現在地へ遷座したというのである。

梅宮大社の祭礼は、「梅宮祭」と呼ばれていた。この祭は9世紀のはじめから行われるようになり、１年に2度、4月と11月の上の酉日に行われていた。前にも取り上げた『江家次第』では、梅宮祭では、神児舞や倭舞（やまとまい）が披露され、盛観を極めたとされている。

当初の段階では、橘氏が奉幣使をつとめていたが、橘氏が衰退すると、藤原氏がそれを代行するようになった。梅宮大社が二十二社に含まれたのは、藤原氏の支配下にある神社となったことが原因になっていたのかもしれない。

第17章 吉田神社

藤原氏の中でも傍流・藤原山蔭が祀り始めた、比較的新しい神社

京都大学に関連して、「吉田神社に合格祈願をすると京大に落ちる」という噂が流れている。逆に、「吉田神社に合格祈願をすると京大に合格する」という噂もある。

果たしてそこに、何らかの真実が含まれているかは分からない。とても根拠があるとは思えないが、そんな噂が生まれるのも、京都大学が吉田神社に隣接しているからである。

吉田神社は京都大学の東側にあり、吉田山の西の麓に鎮座している。吉田山と呼ばれるのは吉田神社があるからで、もともとは神楽岡（かぐらおか）、ないしは神楽ケ岡と呼ばれていた。神社の背後に山があるということでは、吉田山は神体山ということにもなるが、吉田山自体が信仰の対象になっていたわけではない。また、吉田山に磐座があり、そこで祭祀が行われ

ていたというわけでもない。

それは、吉田神社の創建が、８５９年（貞観元年）と、著名な神社としてはかなり新しいからである。二十二社のなかで、創建がもっとも遅いのは、これから述べる北野天満宮で、９４７年（天暦元年）である。その次が、８６０年に創建された石清水八幡宮で、それは吉田神社の創建の翌年にあたる。

石清水八幡宮は、第二の皇祖神となった八幡神を祀っているという点で特別で、歴史が浅いにもかかわらず、上七社に含まれる。この例を除けば、創建の遅い吉田神社や北野天満宮が下八社に位置づけられるのも、当然だろう。

吉田神社の創建について、『歴史読本』では、次のように説明されている。

> 吉田神社は、貞観元年（八五九）藤原山蔭（北家魚名の玄孫）が、藤原氏の氏神である大和（奈良県）春日神社の祭神を勧請して、山蔭流の氏神として創建したのに始まる。

その後に、藤原氏が春日神社の祭神である春日神を勧請した大原野神社のことにふれられている。長岡京への遷都の際に、春日神が春日大社から大原野神社に勧請されたように、平安遷都の後に、春日神が吉田神社に勧請され、創建されたと述べられている。

大原野神社の場合、すでに述べたように、藤原不比等の三男であった宇合の孫である乙牟漏が春日神を勧請している。乙牟漏は、平安遷都を実現した桓武天皇の皇后である。

それに比較して、吉田神社を祀りはじめた藤原山蔭は、藤原氏のなかで傍流にすぎない。最終的な官位も中納言従三位兼行民部卿であり、大きく出世をとげているわけではない。

神社界異例の出世は、次々に天皇に即位した山蔭の子孫の力

伊達政宗を生んだ伊達氏は山蔭の子孫であると称していた。また、山蔭自身は、日本料理の流派の一つである「四条流庖丁道」の祖ともされ、吉田神社の境内にある山蔭神社に祀られ、庖丁の神、料理の神としての信仰を集めている。だが、吉田神社のその後の発展を考えると、吉田神社は神社界において異例の出世をとげたとも言える。

吉田神社の本殿は、春日大社と同様に4殿あり、第一殿に健御賀豆知命、第二殿に伊波比主命、第三殿に天之子八根命、第四殿に比売神が祀られている。伊波比主命は経津主命の別名であり、大原野神社でも、経津主命は伊波比主命として祀られている。

その点で、吉田神社が、春日大社と大原野神社と祭神を同じくしており、藤原氏の氏神を祀る神社であるということになる。だが、吉田神社の場合、創建当時は、あくまで藤原氏の傍流が祀る神社に過ぎなかった。

実際、927年に作られた『延喜式神名帳』には、吉田神社は記載されていなかった。式内社ではなく、式外社ということになる。歴史は浅いとはいえ、その時点で吉田神社は創建されてから68年が経過していた。もし吉田神社が藤原氏の本流が祀ったものであれば、式内社になっていたはずだ。ただし、翌年に創建された石清水八幡宮も式外社であり、たんに創建からの歴史が浅いということが『延喜式神名帳』に記載されなかった原因かもしれない。

今日では、吉田神社には立派な社殿が建ち、後にふれるように、吉田神道の象徴となる大元宮も建っている。

三大歌舞伎の一つである『菅原伝授手習鑑(すがわらでんじゅてならいかがみ)』の「車引」の場には、菅原道真の政敵とされる藤原時平(ときひら)が「時平公(しへい)」として登場する。その際には、時平が吉田神社に参詣に行ったという設定がとられている。時平は太政大臣にまでのぼりつめており、藤原北家の大立て者である。山蔭とは社会的な地位が大きく違う。

そうした場面に接すると、吉田神社には、創建当時から立派な社殿が建ち並んでいたかのように考えてしまう。だが、吉田神社が、藤原氏全体の氏神として信仰を集めるようになるのは、後になってからである。

吉田神社が鎮座する場所には、もともと山蔭の自宅があったとされる。ならば、春日神は屋敷神のような形で祀られていたのかもしれない。

ではなぜ吉田神社は、後に藤原氏全体の氏神の地位を獲得できたのだろうか。

吉田神社を創建した藤原山蔭の子どもに、七男の中正（なかまさ）がいた。中正の官位も従四位上・左京大夫（さきょうのだいぶ）で、それほど高くはなかった。ところが、中正の娘の時姫は、摂政関白太政大臣となった藤原兼家（かねいえ）に嫁ぎ、道隆（みちたか）、道兼（みちかね）、そして道長を生んだ。娘にも超子（とおこ）や詮子（あきこ）がいた。超子は第63代冷泉天皇の女御となって第67代三条天皇を生み、詮子の方も第64代円融（えんゆう）天皇の女御となり、第66代一条天皇の生母となった。山蔭の曽孫が天皇に次々と即位したわけである。

「本地垂迹説」を逆転した「神本仏迹説」を唱えた吉田兼倶

一条天皇が即位したのは986年（寛和（かんな）2年）のことで、『日本紀略』の同年12月のくだりには、「十七日、辛亥詔以吉田社准大原野、行二季祭、四月中申日、十一月中申日」とあり、吉田祭は朝廷による祭、官祭の対象と定められた。翌、９８７年（永延元年）には実際に祭が行われている。これによって、藤原氏のなかでも山蔭流だけの氏神であった吉田神社は、摂関家として権力を握った藤原氏全体の氏神となった。それ以降、吉田神社は、春日大社や大原野神社とともに「氏神三社」と呼ばれるようになる。藤原氏の氏神ということである。

　吉田神社が、廣田神社や北野天満宮とともに十九社に加えられるのは、この直後の９９１年（正暦２年）のことである。そこには、吉田神社が藤原氏を介して朝廷と深く結びついたことが影響していた。二十二社には、藤原氏の氏神が三社も含まれるわけで、いかに藤原氏の力が大きかったかが示されている。

　９８７年には一条天皇が吉田神社に行幸し、１１０６年（嘉承元年）には４度も奉幣にあずかっている。鎌倉時代に入ると、上皇による吉田神社への御幸が行われるようになり、１２０６年（元久３年）には後鳥羽上皇が、１２５５年（建長７年）には後嵯峨上皇が参詣している。鎌倉４代将軍の藤原頼経も、藤原氏の氏神ということで吉田神社に参詣しており、１３６０年（延文５年）には、吉田神社は正一位の神階を授かっている。

これが、創建の時代が新しい上に、藤原氏の傍流が祀っていた吉田神社が二十二社に加えられるまでの経緯だが、吉田神社と二十二社の関係については、もう一つ見ておかなければならない側面がある。そこにかかわってくるのが、二十二社についての基本的な文献である『二十二社註式』の著者、吉田兼倶である。

兼倶は、1435年（永享7年）に生まれ、1511年（永正8年）に亡くなっている。吉田神社には末社として神龍社があり、祭神は兼倶となっているが、そこは兼倶が死後に葬られた場所である。兼倶は、吉田神社から生まれた「吉田神道」の創始者である。

平安時代の後期からはじまる中世の時代においては、「神仏習合」が基本で、神道と仏教は混じり合っていた。その時代に、神仏習合というあり方を理論化したのが「本地垂迹説」で、日本の神々は仏教の仏が仮に現れたものだととらえられた。これは、仏を本地とする点で仏教優位の考え方であった。

そうしたなかで、神道界のなかに、この関係を逆転しようとする試みが生まれ、そこで唱えられたのが、本地垂迹説を逆転させた「神本仏迹説」であった。これは、もともと伊勢神宮の外宮の神職であった度会氏が唱えたものだが、兼倶はこれをさらに発展させ、仏教や道教、儒教を取り入れつつ、仏教を果実、儒教を枝葉、そして神道を根ととなえる

「根本枝葉花実説」を唱えた。その上で、活発な活動を展開し、吉田神道の地位を高め、神職の任免権を獲得し、「神祇管領長上」と名乗るまでになる。

神社の地位向上と吉田神道の権威を高める野望だった『二十二社註式』

兼倶は吉田神道、吉田神社の地位を高めるためにさまざまな試みを行うが、一つは、現在でも吉田神社の境内にある「斎場所大元宮」の建立だった。大元宮は神社建築としてはユニークなもので、八角形の茅葺きである。こうした神社の建物は他に存在しない。

しかも、大元宮で祀られているのは、宇宙の根源的な神である「虚無大元尊神」を中心に、天神地祇八百萬神である。これは、もともとは吉田家の屋敷で祀られていた斎場所を遷したものとされる。遷宮の際には、第103代後土御門天皇が、「日本国中三千余座、天神地祇八百万神」と記した勅額を下賜し、さらには、大元宮は「神国第一之霊場、本朝無双之斎庭」という綸旨も発給している。それは、1484年（文明16年）のことだった。

さらに、天皇が沐浴する御湯殿に仕える女官たちが記録した『御湯殿上日記』によれば、1489年（延徳元年）11月19日、兼倶は伊勢神宮の神器が斎場所に降りたと奏上した。これに対して、朝廷は、大元宮に安置するよう命じたという。

鎌倉時代になると、伊勢神宮の神領が置かれた御厨に、祭神を勧請し、神明社を祀ることが行われるようになっていた。それが、南北朝時代に入ると、伊勢神宮の祭神が各地に飛来するという「飛神明(とびしんめい)」という現象が起こるようになる。

そこには、1467年に起こる応仁の乱以降、戦乱の時代が続いたことが影響していた。伊勢神宮の外宮の場合にも、1486年(文明(ぶんめい)18年)に放火によって炎上し、神体の安否が分からなくなっていた。その際に神体の安否調査を依頼されたのが兼倶だったが、神宮の側はそれを拒否した。

兼倶は、そのときの経験も踏まえ、天照大神を大元宮で祀る祭神のなかに加えることで、そこをより強力な祭祀空間に仕立て上げることを試みたのである(井上智勝『吉田神道の四百年—神と葵の近世史』講談社選書メチエ)。

兼倶が、二十二社について『二十二社註式』を1469年(文明元年)に著したのも、吉田神社の重要性を改めて認識させることをめざしてのことだろう。やはり『御湯殿上日記』によれば、兼倶は、斎場所に伊勢神宮の神器が降りたと奏上した直後の12月13日、『二十二社伝』を進講している。『二十二社伝』は、『二十二社註式』のことだろう。兼倶は、飛神明という絶好の好機が到来したことを利用し、吉田神社が朝廷と深い結びつきを持っていることを改めて天皇に認識させようとしたのである。

『二十二社註式』は、二十二社のことについての基礎的な文献である。そこには、吉田神社の地位、吉田神道の権威を高めようとする兼倶の野望が示されていた。吉田神社が二十二社に含まれるようになったことは、他の神社と違った点で重要な意味を持ったのである。

第18章　廣田神社

なぜタイガースは廣田神社にだけトレーナー同行で必勝祈願するのか

廣田神社の存在は、全国的にはあまり知られていない。だが、近畿圏の人たちは、廣田神社のことをよく知っている。

なにしろそこは、阪神タイガースが毎年必勝祈願に出掛ける神社だからである。しかも、その伝統は、阪神タイガースが結成された１９３６年（昭和11年）に遡る。その年の２月11日、これは戦前だと紀元節ということになるが、球団でチーム結成式が行われた後、幹部以下25名が廣田神社に参拝に出掛けた。廣田神社は西宮市にある。西宮市には阪神タイガースのホームグラウンド、甲子園球場もある。

廣田神社に出掛けてみると、「タイガース絵馬」が売られている。タイガースのマークを中心に、「勝運」と書かれた絵馬だ。ファンはこれを奉納する。

なお、阪神タイガースは、同じく西宮市にある西宮神社でも必勝祈願を行う。面白いのは、西宮神社の方には、トレーナーは同行しないということだ。

それは、西宮神社が商売繁盛のご利益があるとされているからである。西宮神社の行事としては「10日えびす」が有名で、その日境内には、「商売繁盛で笹もってこい」のかけ声が響き渡る。トレーナーの商売が繁盛するということは、選手に多くの故障者が出ることを意味する。それで、トレーナーは西宮神社には絶対に参拝しないのだ。

西宮神社の10日えびすの際に、福男選びが行われる。正式な名称は「十日戎開門神事福男選び」で、午前4時からはじまった大祭が終わると、6時に表大門が開かれ、参拝者が本殿までの230メートルを一斉に駆けていく。先に着いた3人が福男と認定されるが、注目されるのはやはり最初に着いた「一番福」で、テレビのニュースでは「今年の福男」として紹介される。

西宮神社の境内には、南宮神社が建っている。表大門から入り、本殿の方に向かってやや右に参道が曲がるあたりにある。普通ならこれは、西宮神社の摂社か末社ということになるが、廣田神社の摂社と位置づけられている。

後白河法皇の撰として平安時代末期に作られた歌謡集の『梁塵秘抄』には、「浜の南宮は　如意や宝珠の玉を持ち　須弥の峰をば櫂として　海路の海にぞ遊うたまふ（巻二の二六七番）」という歌があり、この浜の南宮が南宮神社のことをさすとされている。南宮と呼ばれるのは、廣田神社を本宮としてその南にあるかららしい。

その浜の南宮にえびす大神が祀られ、それが西宮神社に発展した。現在の西宮神社では、本殿は3殿あり、第一殿にえびす大神（蛭児大神）を、第二殿に天照大神と大国主大神を、そして第三殿に須佐之男大神を祀っている。

平安末期から鎌倉初期にかけて編纂された『伊呂波字類抄』では、廣田神社の祭神が列挙されているが、そのなかに、「夷」と「三郎殿」があった。これが夷の初出だが、夷は夷三郎とも呼ばれる。夷に対する信仰は、廣田神社にはじまり、それが西宮神社に受け継がれた。その点で、この二つの神社は密接な関係を持っている。

廣田神社の祭神は天照大神の四魂のうちの「荒魂」

タイガースが、廣田神社を必勝祈願に参拝するのは、なにより同じ西宮市にあるからだが、そこは必勝祈願を行うのにふさわしい神社である。というのも、廣田神社の主たる祭神は天照大神の「荒魂」だからである。神社の側は、それを「天照大御神之荒御魂」と呼んでいる。荒魂は、「和魂」と対になる考え方で、和魂が神の平和で優しい側面を示すのに対して、神の荒々しい勇猛な側面を示すとされている。

他に、神霊の働きとして幸魂と奇魂があげられることがあり、それらをまとめて「四魂」とも呼ばれる。明治政府が編纂し、大正時代に完成した百科事典、『古事類苑』では、「荒魂ハ其剛健ノ性ヲ具有スルトキノ称、和魂ハ其和穆ノ徳ヲ保持スルトキノ称」と説明されている。

実は、天照大神の荒魂については、廣田神社以外にそれを祀る神社がある。それが、伊勢神宮内宮の荒祭宮である。

伊勢神宮には、内宮と外宮の正宮の他に、それに次ぐとされる別宮が、内宮に関連して11社、外宮に関連して4社ある。荒祭宮は、内宮の境内にある別宮ということで特別な存在だが、別宮の第一位とされる。鎌倉時代初期に成立したと考えられる社伝の『神宮雑例集』では、垂仁天皇26年10月に、内宮の正殿と同時に建てられたとされる。ただしこのことは、『日本書紀』には出てこない。

荒祭宮の重要性は、式年遷宮の際、正宮についで別宮のなかで一番早く遷御（神体や神社を他に遷すこと）が行われるところに示されている。なお、外宮の境内にある別宮の多賀宮は外宮に祀られた豊受大神の荒魂を祭神としており、遷御も荒祭宮の次に行われる。伊勢神宮において、荒魂を祀る神社が重視されていることが分かる。

なお、内宮の境外別宮として度会郡大紀町に瀧原宮と瀧原並宮が鎮座しており、その祭神は、神社側の説明では「天照大御神御魂」とされる。この祭神については諸説あるが、瀧原宮では天照大神の和魂を、瀧原並宮では荒魂を祀っているという説もある。

天照大神の荒魂は、荒祭宮、瀧原並宮、そして廣田神社に祀られていることになる。多くの場所で、天照大神の荒魂が祀られていることは、注目すべき事柄である。

廣田神社に天照大神の荒魂が祀られていることについては、７２０年に完成した『日本書紀』に記されている。それは、神功皇后の事績について述べた巻9でのことである。『日本書紀』で神功皇后に一章が割かれているのは、皇后が天皇と見なされていたからだが、「神功天皇」とはされず、神功皇后と記されている。

誰を歴代の天皇とするか、現在の形で最終的に確定されたのは、１９２６年（大正15年）のことである。明治時代以前には、神功皇后を第15代の天皇とする歴史書が多かったが、結局代々の天皇からは外されることとなった。

神功皇后と天照大神の荒魂

『日本書紀』では、神功皇后が、いわゆる「三韓征伐」をなしとげ、畿内に戻ってくると、麛坂王と忍熊王が反乱を起こしたとされる。神功皇后はこれを打ち破り、務古水門（武庫川の河口付近にあった）に戻って来た際、占いをすると、天照大神の託宣が下る。それは、「我が荒魂をば、皇后に近つくべからず、当に御心を廣田國に居らしむべし」というものだった。ここで言う皇后は皇居のことであり、荒魂を皇居の近くではなく、廣田国に鎮座させろというのだ。これが、廣田神社が創建された由緒ということになる。

これは、あくまで『日本書紀』に記された伝承であり、実際にこうした託宣があったかどうかも分からない。他に、廣田神社の創建について記した史料は存在していない。『二十二社註式』でも、第１００代の後小松天皇が、１４０６年（応永13年）に、神道の元締めである白川伯王家の資忠王を呼び出し、『日本書紀』巻９の読み合わせを行ったとき、廣田神社について書かれたことには不審があるということになったと記されている。

平安時代の法制書で、奈良時代から平安時代にかけての封戸・神封について記した『新抄格勅符抄』に示された大同元年牒（８０６年）では、「広田神封戸41戸」とされており、創建がこれよりも古いことは間違いない。『日本書紀』に記されているということは、少なくとも『日本書紀』が作られた720年の段階で廣田神社は創建されていたことになる。

927年の『延喜式神名帳』でも、廣田神社のことは記載され、名神大社に列せられている。また、すでに述べたように、『延喜式』巻3では「祈雨神祭八十五座」にも含まれていた。そして、991年に、吉田神社や北野天満宮とともに十九社に含まれている。

荒魂ということばは、『古事記』においては、「荒御魂」という形で一箇所だけ登場する。それは、仲哀天皇の命を奪う行為が天照大神の御心から出ていることが明らかになった後、神功皇后が三韓征伐を行ったときのことである。そこでは、「即ち墨江大神の荒御魂を、國守ります神と為て祭り鎮めて還り渡りたまひき」とある。墨江大神は、住吉大社の祭神、住吉大神のことである。

一方、『日本書紀』では、荒魂は、天照大神が自らの荒魂を廣田国に祀るよう指示した箇所の前に出てくる。

まず、「和魂は王身に服(したが)ひて壽命を守らむ。荒魂は先鋒として師船を導かむ」という形で、和魂と対になる形で出てくる。和魂が天皇の命を守るのに対して、荒魂は戦に出る船を導くというのだ。その後の部分では、和魂を「珥岐瀰多摩」と言い、荒魂を「阿邏瀰多摩」と呼ぶという注釈が出てくる。その上で、「既にして則ち荒魂を撝ぎたまひて、軍の先鋒とし、和魂を請ぎて、王船の鎮としたまふ」とされ、荒魂を呼んで軍の先方とし、和魂を呼んで王の船の守りとすると述べられている。

三韓征伐の武器を埋めた武庫の山が御神体

ついで、新羅より帰還したとき、住吉大神が神功皇后に対して、「我が荒魂をば、穴門の山田邑に祭はしめよ」と言ったという箇所に出てくる。また、穴門直の祖である踐立と津守連の祖である田裳見宿禰に、その「荒魂を祭ひたてまつる神主とす」とされている。『日本書紀』で荒魂が登場するのはそこだけである。

『古事記』と『日本書紀』に荒魂が出てくる場面は、どちらも、神功皇后が三韓征伐から帰還したときのことである。

『古事記』では住吉大神の荒魂が対象になっている。『日本書紀』では、やはり住吉大神の荒魂が対象にはなっているが、天照大神の荒魂も対象になっている。『古事記』で仲哀天皇の死が天照大神の御心から出たものとされたとき、実際にそれを行ったのは住吉大神であるように読める。ということは、荒魂とは、天照大神ないしは、天照大神の意を受けた住吉大神の荒魂に限定されるものであるということになる。

荒魂とは、神全般に備わったものではなく、天照大神特有のあり方ということになる。少なくとも、記紀神話の段階では、天照大神の荒魂に限定されていた。天照大神が伊勢に祀られるようになるのは、皇居で祀っていると祟りを引き起こすからである。天照大神を鎮めるには、祟りを引き起こす力を荒魂という形で、天照大神から分離しなければならない。古代の人々は、そのように考え、いくつかの神社で天照大神の荒魂を祀るようになったのではないだろうか。

南北朝時代の守護で、1370年に九州探題となった今川了俊（りょうしゅん）（貞世（さだよ））が太宰府に赴くときの道中を記録した『道行きぶり』に、廣田神社が登場する。そこでは、「川面（づら）にそひて、木深（ふか）く物ふりたる山あり。鳥居たたり。そのあたりの人に尋（ね）侍れば、これは昔、足姫の唐土の三の国したがへ給ひ、帰り給ひける時、この山に鎧・冑など埋（うづ）み給（ひ）けるより、やがて武庫（むこ）の山と申（す）なむ」とつづられている。

足姫とは、息長足姫命、つまりは神功皇后のことである。地元の伝承では、皇后が三韓征伐を果たし、帰還したおり、この山に鎧や冑などを埋めたので、そこは武庫の山と呼ばれているというのだ。鳥居は廣田神社のものだろう。ここでも、話は三韓征伐を果たした直後のことであり、武器が山に捨てられている。武器と荒魂とは結びつくのではないか。そうした連想が生まれる。

現在の廣田神社は、ここに描かれたように、東川には沿っているものの、「木が深く繁り古色をおびた山」（稲田利徳「今川了俊『道行きぶり』注釈（一）」岡山大学教育学部研究集録89巻1号、1992年の通釈による）にあるわけではない。平地の神社という印象が強い。鎧や冑が埋められたのは、現在の廣田神社の北にある甲山であると言われる。甲山は、かつて廣田神社の神体山だった可能性が高い。

廣田神社の祭神、じつは神功皇后？

江戸時代の元禄年間（1688〜1704年）頃に成立した「広田西宮参詣独案内」という史料においては、「六軒新田の上高隈ノ原と申すは、昔広田大神鎮座の地なり」と記されている。『西宮市史』では、現在の社地から400から500メートル北にある五月ケ丘・六軒町のあたりが廣田神社のもともとの鎮座地であるとする。

『西宮市史』は、その根拠を古老の口碑とともに、「貞享3年広田西宮両宮古図」（廣田神社蔵）に求めている。貞享（じょうきょう）3年は1686年であり、それを見ると、現在の社地のところには、「神宮寺地」とあり、その南に大日堂が建っている。

一つ注目されるのは、その頃の廣田神社では、5つの社殿が横に並び、右から、住吉大明神、廣田大明神、八幡宮、諏訪明神、八祖神となっていたことである。八祖神が何かははっきりしないが、皇居において天皇を守護する八神を祀る八神殿と関連するかもしれない。そうした点はあるものの、廣田大明神ではなく、八幡宮が中央に鎮座するということは、そこが八幡神社としてとらえられていた可能性を示している。

すでに述べたように、八幡神は応神天皇と習合し、第二の皇祖神となった。応神天皇は、仲哀天皇と神功皇后とのあいだに生まれている。しかも、八幡神は、神功皇后と一緒に祀られることが多い。八幡神は八幡大菩薩とも呼ばれ、神仏習合の象徴的な存在ともなるが、三神像として祀られることが多く、その際には、僧形八幡神像、仲津姫像、そして神功皇后像がともに祀られた。廣田神社の祭神は、実際には八幡神としての応神天皇であった可能性が示されているのではないだろうか。

廣田神社では、現在でも「脇殿神」として、住吉大神、八幡大神、武御名方大神、高皇産霊神を祀っている。武御名方大神は諏訪明神のことで、八神殿で祀られる八柱の神には高皇産霊神も含まれる。要するに、現在の廣田神社の祭神は江戸時代と変わっていない。それがどこまで遡れるかは定かではないが、八幡神が中心的な役割を担っているように見えるのである。

ということは、天照大神の荒魂とは、実は八幡神＝応神天皇のことなのではないか。さらに言えば、応神天皇を生んだ神功皇后のことなのではないか。そのようにも思えてくる。神功皇后は戦う皇后であり、絵に描かれる際にも、鎧を身にまとっている。天照大神も、弟の須佐之男命との誓約の場面では、そこに武装して現れる。

また、廣田神社の祭神である天照大神荒魂は、「撞賢木厳之御魂天疎向津媛命（つきさかきいつのみたまあまさかるむかいつひめのみこと）」であるともされている。

撞賢木厳之御魂天疎向津媛命については、『日本書紀』巻9の神功皇后のくだりに出てくる。神功皇后が、夫の仲哀天皇の命を奪った神が誰なのかを占ったとき、「神風の伊勢國の百傳ふ度逢縣の拆鈴五十鈴宮に所居す神、名は撞賢木嚴之御魂天疎向津媛命」という答えが返ってきた。伊勢神宮の神、つまりは天照大神だというのだ。

天照大神は女神とされ、撞賢木嚴之御魂天疎向津媛命も、その名前のなかに「媛」を含み、やはり女神である。女神ということでは、神功皇后につながる。そう考えたとき、廣田神社の祭神は、実は、神功皇后だったのではないか。さまざまな事柄が、それを示しているように思われる。

第19章　八坂神社

明治時代、「祇園社」から名称変更させられ、祭神も変更

今や御朱印を集めることが大変なブームになっている。御朱印帳を持った参拝者が、各地の神社仏閣を、スタンプラリーのようにめぐっている。

御朱印は、もともとは神社仏閣に写経を納めたときの受付印だった。今でも、納経しなければ御朱印を渡してもらえないところもあると聞く。

京都の観光スポットの代表でもある八坂神社に参拝すると、摂末社を合わせて全部で16種類の御朱印を集めることができる。

ただ、不思議なことに、そのなかに八坂神社と書かれた御朱印は存在しない。本社の御朱印には「祇園社」と記される。その上に、「八坂神社」と押印されるものの、八坂神社

と書かれた御朱印は貰えないのだ。

祇園社と書かれた上に八坂神社の押印という形は、八坂神社の歴史を示しているとも言える。というのも、明治時代以前、そこは祇園社と呼ばれていたからである。祇園天神社や祇園感神院とも呼ばれていた。八坂神社と改称されたのは1868年（慶應4年）5月30日付の神祇官通達によってである。神祇官は、古代の律令制にならって復活された役所のことである。

神社の名称が変更されるだけでも大きな出来事だが、それだけではなかった。同時に、祭神も変更になっている。

八坂神社の現在の主たる祭神は、次のようになっている。

中御座　素戔嗚尊
東御座　櫛稲田姫命（素戔嗚尊の妻）
西御座　八柱御子神（素戔嗚尊の8人の子供*の総称）

*八島篠見神、五十猛神、大屋比売神、抓津比売神、大年神、宇迦之御魂神、大屋毘古神、須勢理毘売命

八坂神社の祭である祇園祭の際、山鉾巡行が行われた後、神幸祭が行われ、3基の神輿が氏子地域をまわる。その3基の神輿には、中御座、東御座、西御座の各祭神が乗せられる。

ところが、この主たる祭神が、明治時代以前には今とは違い、中御座が牛頭天王、東御座が八王子、西御座が頗梨采女とされていた。素戔嗚尊や櫛稲田姫命は記紀神話にも登場する。だが、牛頭天王や頗梨采女となると、神話には登場しない。

蘇民将来と牛頭天王

牛頭天王が、いかなる存在なのか、その由来が必ずしもはっきりしない。インド由来の神というわけでもないし、八幡神のように渡来人が祀っていた神でもない。

牛頭天王は、その名称が示すように、頭部に牛の頭を戴く形をとっている。平安時代に悪神を退散させるために描かれたものに「辟邪絵」があるが、そこに登場する牛頭天王は、善神である天刑星（壁邪神の一つ）に食べられようとしている。後に牛頭天王は、この天刑星と習合（一つの神となること）する。

鎌倉時代に成立したと考えられる『祇園牛頭天王御縁起』という書物においては、牛頭天王の本地仏が薬師如来で、武答天王の一人息子として日本に垂迹したとされている。

平安時代末期に成立した『伊呂波字類抄』の「祇園」の項目では、牛頭天王は、天竺（インド）の北にある九相国の王であり、沙渇羅竜王の娘と結婚して八王子を生んだとされ、武塔天神とも言うとされている。牛頭天王の父は東王父で、母は西王母とされていた。どちらも中国の道教の神である。

武答天王（武塔天神）については、『釈日本紀』（日本書紀の注釈書）に引用されている『備後国風土記』逸文の「疫隈国社」という箇所に出てくる。武塔は、朝鮮語でシャーマンを意味するムータンに通じるとされる。北海の神だった武塔天神は、嫁を探すために南海を訪れるが、自ら素戔嗚尊と称したという。

同じ『備後国風土記』逸文には、蘇民将来のことも出てくる。武塔天神が、旅の途中、将来と名乗る兄弟に出会い宿を貸してくれるよう頼むと、貧しい兄の蘇民将来は宿を貸してくれた。ところが、金持ちの弟である巨旦将来は断った。その後、疫病が流行したとき、武塔天神は、弟の妻になっていた蘇民将来の娘に茅の輪の目印をつけさせ、彼女以外の弟一族をすべて滅ぼしてしまった。この物語から、災厄や疫病を除けるための「蘇民将来護符」が生まれる。

牛頭天王、武答天王（武塔天神）、素戔嗚尊、そして蘇民将来は、こうした形で一つに習合している。当初牛頭天王は、災厄や疫病をもたらす神として考えられていたが、やがて、それを祀れば、災厄や疫病から逃れることができるという信仰が生み出されていくこととなった。明治になって、祭神が牛頭天王から素戔嗚尊に改められたのも、必ずしも根拠のない話ではない。

八坂神社の境内には、疫神社が祀られており、その祭神は蘇民将来である。四条通りの突き当たりに建つのが八坂神社の西楼門で、その先、正面に疫神社が建っている。本殿は、その背後に南向きに建っており、西楼門からだと、疫神社に祀られた蘇民将来を拝んでいる形になる。これは、八坂神社の祭神が、今でも蘇民将来と習合した牛頭天王であることを示唆しているようにも見える。

八坂神社の成立について、『二十二社註式』においては、「牛頭天王は初めて播磨明石ノ浦に垂迹し、広峯に移る、その後北白川東光寺に移り、その後元慶年中（８７７〜８８５年）に感神院に移る、託宣に我は天竺祇園精舎の守護の神なりと云々、故に祇園社と号す」と述べられている。広峯は姫路市にあり、北白川東光寺は現在の岡崎神社である。

死後に祟りをもたらす人物をなだめる御霊会

『二十二社註式』では、八坂神社の祭神について次のように記されている。

西間　本御前奇稲田媛垂跡一名婆利女一名少将井脚摩乳手摩乳女
中間　牛頭天皇号大政所
　　　進雄尊垂跡
東間　蛇毒氣神龍王女
　　　今御前也

進雄尊は、素戔嗚尊のことである。

蛇毒氣神龍王女については、どういう存在か分からないが、1070年（延久2年）10月14日に、感神院が焼けた際に、「蛇毒気神焼失」（平安時代末期に編纂された歴史書である『本朝世紀』による）とあり、像として祀られていたことが分かる。

さらに『二十二社註式』では、935年（承平5年）6月13日に、第61代の朱雀天皇によって観慶寺が定額寺（官寺に次ぐ寺格）と定められたとされている。観慶寺とは感神院のことである。

室町時代に八坂神社の社務執行職であった晴顕が記した『社家条々記録』では、観慶寺は、876年（貞観18年）に南都興福寺の僧であった円如が創建したとされている。この寺は、興福寺と同様に薬師如来を本尊としていたが、そこに天神を祀る祇園天神堂が建てられた。『本朝正紀』によれば、999年（長保元年）6月14日、祇園天神会が行われたとされている。

観慶寺は、それなりの規模を誇っていたものの、京都にはその程度の寺院なら他にいくらでも存在する。神社にしても、その数は多い。ではなぜ祇園天神堂は祇園社として京都の人々の強い信仰を集めるようになったのだろうか。そこにはやはり祇園祭が影響している。

祇園祭は祇園御霊会としてはじまる。御霊会とは、無実の罪で亡くなった死者の霊である「御霊」をなだめるためのものである。御霊は祟り、疫病や天災をもたらすと考えられた。とくに平安時代の京都では、疫病の流行や天災が相次いだ。『日本三代実録』の863年（貞観5年）のくだりには、疫病が流行ったため、蔵人頭の藤原基経と常行を遣わして、神泉苑で御霊会を行ったと記されている。

このときに御霊として祀られたのは、崇道天皇（早良親王）、伊予親王、藤原吉子、橘逸勢、文室宮田麻呂である。いずれも死後に祟りをもたらすとされた人物たちである。

興味深いのは、御霊会を行う際に、机の上に花果を盛って、『金光明経』と『般若心経』を説くとともに、楽を奏し、雑伎や散楽などの芸能を競い、さらには角力、騎射、競馬などの演戯が行われたことである。それを目当てに人々が群参した。御霊会は、当初の段階から、今日の祇園祭がそうであるように、神事であるとともに、芸能的な要素を伴っていた。

祇園御霊会から現在の神幸祭・還幸祭へ

ただしこれは、御霊会であって祇園御霊会ではない。八坂神社の社伝である『祇園社本縁録』には、それから6年後の８６９年（貞観11年）に、ふたたび疫病が流行したため、朝廷の命令を受けた卜部日良麻呂（平麻呂）が6月7日に、諸国の数にちなんで長さ二丈の矛を66本立て、同じ月の14日に、洛中の男児と近隣の百姓を率いて神輿を神泉苑に送り、そこで祀ったとある。これを祇園御霊会と称し、毎年6月7日と14日が恒例になったとされる。

ここに見られるように、祇園御霊会がはじまった段階では、現在の神幸祭・還幸祭に登場する神輿の渡行はなかった。それがはじめて記録にあらわれるのは、12世紀後半に描かれた『年中行事絵巻』においてである。これは、後白河上皇が大和絵の常盤光長(ときわみつなが)らに命じて描かせたものである。原本は散失し、さらに江戸時代の内裏の大火で焼失したため、一部模本が残されているだけである。その6ノ12に、御霊会のことが記され、そこには田楽、散楽、獅子などに囲まれた3基の神輿が描かれている。

3基のうち、牛頭天王の妻である頗梨采女が乗る西御座神輿は、「少将井(しょうしょうのい)」と呼ばれるようになった。少将井とは、京都市中、現在の中京区烏丸通竹屋町下ル(なかぎょうくからすまどおりたけやまち)の付近にあった名井で、そこが西御座神輿の御旅所になっていたことから、この名称が生まれた。

その背景には霊水に対する信仰があった。頗梨采女は龍王の娘とされ、もともと霊水と結びつく要素を持っていた。京都の下には、琵琶湖から流れ込んだ豊富な地下水があり、それが京都の食文化を支える役割を果たしているが、少将井となった頗梨采女はその象徴となり、3基のなかでもとくに注目されるようになっていく。

現在では祇園祭の中心を担うようになった山鉾巡行のはじまりは、祇園天神会が行われた999年に、曲芸や手品を行う雑芸者の無骨(むこつ)という人物が、天皇の即位儀礼である大嘗祭で悠紀・主基両国の役人が立つ場所の目印として使われる標山（しめやま）に似せて作山を作り、行列に加わったのが最初であるとされている。ただし、この話にどれだけ根拠があるのかは分からない。

これはかなり後のことだが、室町時代の14世紀になると、公家の日記には、毎年の祇園会に鉾が登場したことが記録されている。『祇園社記』という史料によれば、応仁の乱の前の段階で、58基の山鉾が参加したと述べられている。

八坂神社が二十一社に加えられるのは、995年（長徳元年）のことで、かなり遅い。その時点では、すでに祇園御霊会ははじまっていた。そのとき八坂神社は興福寺の末社だった。それが、10世紀のなかばに比叡山延暦寺に奪われてしまう。その際、次の章で述べる北野天満宮も比叡山延暦寺の傘下に入っている。

日吉大社の神輿による強訴については、第15章でふれたが、その際には、八坂神社と北野天満宮の神輿が供をすることもあった。八坂神社が延暦寺から独立するのは、1384年に足利義満がそれを命じたからである。

こうして比叡山、ないしは日吉大社と密接な関係を持ったことで、八坂神社は二十一社のなかに加えられたのである。

第20章　北野天満宮

悲劇の主人公・菅原道真を祀る北野天満宮

二十二社のなかで、『延喜式神名帳』に載っていない式外社は、上七社のなかでは石清水八幡宮であり、中七社では大原野神社である。それが下八社になると増え、吉田神社、八坂神社、そして北野天満宮が式外社である。いずれも、他の神社に比較して創建が新しいということが、その原因になっている。

北野天満宮は、第17章でもふれたように、創建がもっとも新しい。北野天満宮が誕生したのは947年（天暦元年）のことで、すでにそれを遡る50年ほど前の898年（昌泰元年）には、十六社が定められていた。北野天満宮に祭神として祀られた菅原道真は、その時点では従三位で権大納言兼右近衛大将の地位にあり、彼の人生においては絶頂期を迎えようとしていた。本人はその時点で、後に自らが神として祀られ、朝廷から幣帛を捧げられるようになるなどとはまったく考えていなかったはずだ。

道真の最高位は右大臣で、従二位にまで昇進した９０１年（昌泰４年）、突然、太宰府に左遷されている。官位をのぼりつめた道真がなぜ左遷されたのか、その理由を明らかにする公的な史料は残されていない。

三大歌舞伎に数えられる『菅原伝授手習鑑』には、藤原時平をもとにした「時平公」という人物が登場し、主人公で「菅丞相（かんしょうじょう）」と呼ばれる道真は、時平の陰謀によって左遷される。この作品があるために時平が道真をおとしいれたと認識されているが、本当に時平の陰謀であったかどうかは分からない。

道真の死から１００年近くが経った１００２年（長保４年）に成立したとされる『政事要略』では、道真が醍醐天皇を廃して、娘婿であった斎世親王（ときよしんのう）を即位させようとする陰謀に加担したからだとされる。醍醐天皇の日記である『醍醐天皇御記（ぎょき）』（『延喜御記』とも呼ばれる）』には、道真が宇多天皇から承和（じょうわ）の変（藤原氏による他氏排斥事件）のことを聞かされ、天皇廃立を暗に促されたと語ったという記事が出てくる。突然の左遷は異常な事態であり、何らかの出来事がそこにかかわっていたことは間違いない。

それにも関連するが、道真にかんして注目される点は、藤原氏の生まれではないということである。道真の生まれた菅原氏は学問の家として知られていた。菅原氏の元は古代の豪族の土師氏で、河内国で栄えていた。

菅原氏が土師氏から分かれたのは8世紀の終わりのことで、菅原古人という人物からはじまる。古人は、遠江介従五位下と位は低かったものの、遣唐使に従って唐にわたった経験もあった。学問に通じ、文章博士、大学頭を歴任し、桓武天皇に儒教の教典を講義する侍読という役もつとめた。

失意のうちに頓死した道真と、6年後の時平の死

古人の四男が清公（きよきみ、とも）で、父親と同様に文章博士から大学頭を歴任し、従三位にまで進んだ。公卿に列せられ、遣唐使判官として渡唐する。公卿は国政を担う存在で、今で言えば大臣にあたる。清公は、朝廷における儀式や衣服、あるいは名前のつけ方などを唐風に改めることに貢献した。こうした代々の功績によって、菅原氏は文章博士を独占するようになり、「菅家廊下」と呼ばれる門下生を抱えるようになる。屋敷の廊下に学問を志す学生たちが集まったからである。

清公には４人の男子があり、四男の是善（これよし）がとくに学問に優れていた。是善は、最終的には参議となって公卿に列せられ、従三位にまでのぼりつめる。一方では、越後介からはじまって、弾正大弼（だんじょうだいひつ）や刑部卿（ぎょうぶきょう）を経て勘解由使（かげゆし）長官などを兼職し、政治にもかかわった。

是善の三男であった道真は、菅原氏の家業である学問の世界で出世をとげていき、８７７年（元慶元年）には、式部小輔と文章博士を兼任している。これで菅原氏からは４代続けて文章博士が生まれたことになる。

８８６年（仁和２年）には、讃岐守に任じられた。その際、文章博士などから退き、任地の讃岐におもむいている。４年後に任期を満了した道真は京に戻り、宇多天皇に仕える。

宇多天皇は道真を信頼した。道真の進言が重視され、現実の政治に生かされるようになっていく。たとえば、８９４年（寛平６年）に遣唐大使に任じられた道真は、唐の国は衰えており、往復の危険を考えると遣唐使を中止した方がよいと進言している。そして、従二位右大臣にまで出世を遂げたのだった。

左遷された道真は、それから３年後の９０３年（延喜３年）２月に、そのまま太宰府で亡くなってしまう。失意のうちに亡くなったと想像される。

そこに一つの事件が起こる。道真が亡くなって６年後の９０９年、時平が39歳で亡くなってしまったのだ。

ただ、時平が亡くなったことで道真の霊が祟るとされたわけではない。文献の上でそうした話がはじめて出てくるのは、それからさらに14年後、『日本紀略』の923年（延喜23年）3月21日のくだりである。皇太子となっていた保明親王が21歳で亡くなったことについて、「菅帥の霊魂宿忿」の仕業であるという噂が流れたとされる。宿忿とは憤りの意味である。こうした話が生まれるのは、保明親王が、時平の妹穏子と醍醐天皇のあいだに生まれたからである。

道真の左遷にかかわった人物たちの死で霊の祟りを認めた朝廷

この頃、都では「咳病」などの疫病が流行していた。『日本紀略』の同年1月27日のくだりでは、咳病流行のため紫宸殿で臨時の読経が行われたとされている。咳病とはインフルエンザのことであり、保明親王もそれがもとで亡くなったものと思われる。

当時は、不吉な出来事が起こると改元が行われたが、4月11日には延長と改元された。その上、同月20日に、醍醐天皇は道真を元の右大臣に戻し、正二位を追贈するという詔を出す。合わせて左遷の詔を破棄した。これは、朝廷が道真の霊の祟りを公に認めたことを意味する。

その後も、道真の左遷にかかわりのある人物に次々と禍が起こる。925年（延長3年）には、天然痘によって保明親王の第一子で、皇太子となっていた慶頼王が5歳で亡くなる。

930年（延長8年）6月26日には、政務をとりおこなう宮中の清涼殿が落雷の被害を受ける。それまで旱天（日照り）が続き、諸卿が集まって雨乞いの件について相談をしていた。落雷があったのはまさにそのときで、大納言の藤原清貫と右中弁内蔵頭の平希世が亡くなった。隣りの紫宸殿でも、3人が亡くなっている。清貫は、道真が太宰府に左遷された際、時平から道真を監視するよう命じられた人物だった。醍醐天皇はこの出来事に衝撃を受け、咳病で3カ月後に亡くなる。46歳であった。

この事件が重要なのは、これによって道真の霊が雷神を操っていると噂されたからである。やがて道真の霊は雷神と習合していく。

これに関連して注目される史料が、平安時代の歴史書である『扶桑略記』（1094年〈寛治8年〉以降に成立）に引用されている『道賢上人冥途記』である。道賢は日蔵とも言い、905年から985年にかけての人物で、山岳修行者であった。

道賢は、９４１年（天慶4年）８月、金峰山で修行を行っていた最中に倒れ、蔵王権現の導きによって太政威徳天と呼ばれる魔王のところへ赴く。威徳天は、自分は道真の霊であると言い、世の中で起こっている疫病や災厄は自分が引き起こしているものだと語った。道賢は、さらに地獄を案内され、醍醐天皇やその廷臣たちが地獄の業火に責め苛まれている光景を目撃する。

もう一つ、１１０６年に成立した『菅家御伝記』に収められた話がある。それは、道賢が魔王となった道真に会った翌年の９４２年7月のことで、京の右京七条二坊に住む多治比文子という人物に、道真の霊、天神からの託宣があり、自分が生きていた折にしばしば遊覧した北野の右近の馬場に自分を祀れと言われたというのだ。右近の馬場は、上京区射場町付近にあった左近の馬場と対になる場所で、近衛の役人の競べ馬が行われた。ただし、文子は貧しく、それが叶わず、自分の家に祠を祀っていた。

道真の怨霊伝説の前から、天神を祀っていた北野天満宮

さらに、それから5年後の９４７年（天暦元年）に、近江国比良宮の禰宜神良種の子である7歳の太郎丸に、天神から、自分が祀られたいと思う場所に松を生じさせるという託

宣が下る。すると、一夜にして千本の松が右近の馬場に生えたため、文子と良種は、北野の朝日寺の僧、最珍とともに、その年の6月に北野に神殿を造立し、天満天神を祀ったというのである。

これが、北野天満宮の創建に結びつくわけだが、一つ注目されるのは、北野には、道真が生まれる前の時代から天神社が祀られていたことである。

『続日本後記』には、836年（承和3年）2月に遣唐使のために北野に天神地祇を祀ったと記されている。また、元慶年間（877〜885年）には、時平の父親である藤原基経が五穀豊穣を雷公に祈願したとされる。さらに、醍醐天皇の子であった源高明（みなもとのたかあきら）が有職故実について記した『西宮記』の臨時十二仁王絵裏書には、905年（延喜5年）12月19日、左衛門督であった藤原某に豊作を祈願して雷公を北野に祀らせたとある。

このとき祀られたのは、現在、北野天満宮の社殿のすぐ東北にある地主神社のこととされる。これは、天満宮創建よりも前から北野に祀られていた地主の神である。

道真の怨霊のことが噂されるようになったとき、すでに北野には天神が祀られており、それは雷公として信仰されていた。道真の霊が雷を操ったということで、それと習合し、新たに道真の霊を祀るための社殿が建てられるようになったのではないだろうか。

987年（永延元年）には、北野天満宮ではじめて勅祭が営まれ、「北野天満宮天神」の称が贈られた。993年（正暦4年）6月26日には、道真に対して正一位左大臣の位が追贈された。10月20日にはさらに太政大臣が追贈されている。これで道真は、死後においてだが官位の最高位にのぼりつめたことになる。

祟り神として祀られたということは、天神は恐ろしい神であることを意味する。しかし、時代を経るにつれて、天神は恵みをもたらす善神へと変貌をとげていく。

すでに、比良宮の太郎丸に下った託宣では、道真の霊が、自分のように思わぬ災いを被った人間を救うことを誓っている。ただこれは、後世に創作された話の可能性が高い。

平安時代後期の保元年間（1156〜1159年）に作られたと考えられる藤原清輔の歌論集である『袋草紙（子）』には、1127年（大治2年）に白河院の勘気を蒙った藤原顕輔（清輔の父）が、自分の無実を訴える歌を唐鏡の裏に書いて北野に奉献したところ、罪を晴らすことができたという話が出てくる。

また、西行に仮託して鎌倉時代後期に作られた説話集の『撰集抄』には、平安時代の漢詩人で、文章博士であった橘直幹が、無実の罪で流罪にされようとしていたとき、北野に参籠して罪を免れたという話が出てくる。これは、北野に祀られた道真の霊が、冤罪に陥った人間を救う「雪冤（せつえん）の神」として信仰されるようになったことを意味する。

こうした事態が進行していくなかで、北野天満宮は、吉田神社や廣田神社とともに、991年（正暦2年）に十九社に加えられた。北野天満宮の神は新しいものではあるが、朝廷に祟りをもたらす強力な神として、幣帛を捧げる対象となったのである。こうした北野天満宮のあり方は、二十二社のなかで特異なものであるとも言える。

第21章 丹生川上神社

神武天皇が丹生川の上流で立てたさまざまな誓い

丹生川上神社としては、上社、中社、下社の三社があげられている。しかし、このすべてが二十二社に含まれたわけではない。

『延喜式神名帳』では、「大和国吉野郡丹生川上神社」とあるだけで、一社である。それが、途中その所在が分からなくなり、一時、三社にその可能性があるとされるようになった。

上社は吉野郡川上村大字迫（さこ）に、中社は同郡東吉野村大字小（おむら）に、下社は同郡下市町長谷（ながたに）にある。

このうち中社には、「神武天皇聖蹟丹生川上顕彰碑」という石碑が建っている。これは、皇紀２６００年を祝うために１９４１年（昭和16年）6月25日に建立されたものである。『日本書紀』に、丹生川上神社のある場所に神武天皇が天神地祇を祀ったと述べられているからである。

そのことは、神武天皇即位前紀戊午年9月甲子のくだりに出てくる。東征を続けてきた神武天皇は、大和国に入るために長髄彦と戦おうとしていた。天皇は夢のなかで、さまざまなお告げを下され、椎根津彦に天の香具山から土を取ってこさせた。その土で平たい土器（平瓮）の皿、壺（天手抉）、酒などを入れる瓶（厳瓮）を作らせ、丹生川上神社のそばを流れる丹生川の上流に行って、天神地祇を祀り、さまざまな誓いを立てた。

その上で天皇は、大伴氏の遠祖にあたる道臣命に対して、高皇産霊尊を自ら祀るので、お前は斎主となって、厳媛を名乗るように命じる。そして、ここに据えた土の甕の名を厳瓮とし、火の名を厳香来雷、水の名を厳罔象女（罔象女）、食べ物の名を厳稲魂女（稲魂女）、薪の名を厳山雷、草の名を厳野雷とすると告げたとされる。この話にもとづいて、丹生川上神社の祭神は罔象女神とされるようになる。北畠親房の『二十二社本縁』では、丹生川上神社の祭神は「雨師（雨を司る神）」とされている。

『二十二社註式』では、第40代の天武天皇の時代、６７５年（白鳳４年）に、神が垂迹し、大和神社の別社になったことが『延喜式』にあるとされ、「人聲の聞こえざる深山吉野の丹生川上に我が宮柱を立てて敬祀(いつき)らば天下のために甘雨を降らし霖雨(りんう)(長雨の事)を止めむ」との託宣がくだり、創建されたと述べられている。

今引用した箇所のもとになった史料は、『名神本紀』とされる。それについては、平安時代に成立した法令集『類聚三代格(るいじゅさんだいきゃく)』巻1に収められた895年(寛平7年)6月26日の太政官符に引用されている。この太政官符では、引用の前の部分で、大和国丹生川上雨師神社の地が禁制になっていて、その四方の境界は、「東限を鹽匂、西限は板波瀧、南限は大山峯、北限は豬鼻瀧」であるとしている。

祈雨と止雨のため頻繁に捧げられた幣帛

なお、『延喜式』を見ても、丹生川上神社が大和神社の別社であるということは出てこない。それについて述べているのは、第11章でもふれたように偽作の可能性がある「大倭神社注進状」で、そこでは、『延喜式』において、丹生川上神社に奉幣を行う際には、大和神社の神主が随うとされており、それは丹生川上神社が大和神社の別宮とされているからだというのである。第11章で見たように、大和神社には高龗神社があり、祭神として雨師大神を祀り、丹生川上神社の本社とされている。

丹生川上神社については、何より日照りのときに雨を降らせる「祈雨」、反対に雨が続いたときにそれを止める「止雨」の霊験あらたかだと認識されていた。

『続日本紀』の763年（天平宝字7年）5月庚午（28日）のくだりには、「幣帛（みてぐら）を四畿内の群神（かみがみ）に奉る。その丹生河上神には黒毛の馬を加ふ。旱すればなり」とある。

それ以降、丹生川上神社には、祈雨と止雨のため頻繁に幣帛が捧げられることになる。馬の奉納もくり返されたが、祈雨には黒毛の馬を、止雨には白毛の馬が献じられた。これは、丹生川上神社に限られない一般的なやり方だった。

丹生川上神社に幣帛が捧げられるようになる以前のことになるが、『続日本紀』の698年（文武天皇2年）4月戊午（つちのえうま）（29日）のくだりには、「馬を芳野水分峯神（よしのみくまりのみねのかみ）に奉る。雨を祈（こ）へばなり」と記されている。これは、現在の吉野水分神社のことをさしている。

それ以降、吉野水分神社に対しては祈雨のためにそうした奉納が行われたという記録はない。『歴史読本』の丹生川上神社の解説で、宗教民俗学の窪寺紘一（くぼでらこういち）は、かつては水分山の頂上付近の北側にあって登るのが大変だったため、祈雨の信仰が丹生川上神社に移ったとしている。

２０１７年で見てみると、奈良県の年間降水量は１５１２ミリで、全国の平均より少なく、47都道府県のなかでは31位である。奈良県は決して降水量が多い県ではない。県内で見てみると、奈良市などがある北部はとくに降水量が少ない。反対に、南にくだり山間部に入ると、降水量が２０００ミリを超えるようなところも多くなっていく。

農耕を行うには、水の確保がもっとも重要であり、実際、奈良盆地にはため池が多い。平城京のあった北部の地域から見た場合、南部の山岳地帯は水に恵まれていると考えられたはずだ。だからこそ、祈雨、あるいは止雨のために祈る場が南部の山岳地帯に求められたのであろう。

その際に、一つ注目しなければならないのは、丹生川上神社の「丹生」という地名である。丹（に）とは、水銀の原料となる辰砂（しんしゃ）のことであり、それを産する場所が丹生と呼ばれた。辰砂は、赤に彩色を施す（ほどこす）ための朱墨に用いられ、漢方薬に使われることもあった。もちろん、水銀は人体には有害だが、中国から伝わった長生きのための煉丹術（れんたんじゅつ）では、積極的に用いられた。

古代における鉄と信仰の関係についてあつかった真弓常忠『古代の鉄と神々』（ちくま学芸文庫）では、日本列島の西南部を走る断層線である中央構造線と、丹生という名が付いた地名、おもな丹生神社、おもな水銀鉱山とを地図上に示している。丹生川上神社は、その中央構造線の上にある。

所在地がわからなくなった丹生川上神社

真言宗の総本山である高野山金剛峯寺の地主神を祀っているのが丹生都比売(にうつめひ)神社で、ここは、水銀の採掘に携わっていた人々が祀ったものともされている。吉野川流域や宇陀地方には水銀の鉱床があり、丹生の地名が多く見られる。丹生川上神社は、そうした地域にあるわけである。

水銀と水とのかかわりについて、窪寺は、「水銀や金は仙薬としての金液の製造には不可欠であったことから、吉野川の水を『変若水(おちみず)』(若返りの水)とする考え、ひいては吉野山を神仙郷とする観念を生み出した」と述べている。

ここで一つ問題になるのは、元来の丹生川上神社が、上社、中社、下社のうち、どこなのかということである。

江戸時代中期の1718年(享保3年)、伊勢神宮外宮の権禰宜であった度会延賢が、二十二社をめぐったときの道中記に、「二十二社参詣記」(『日本庶民生活資料集成』第26

巻、三一書房）がある。

延賢は、二十二社を全部まわるとともに、道中にあるそれ以外の神社も参拝しているが、出発の日のことを、「其日は曇りて、心あわたゞしく、松阪に旅寐して、晴を丹生の神に祈る」とつづっている。丹生川上神社を延賢は、雨を止める神として認識していたわけである。

延賢は、奈良に入ってから、二十二社に限れば、春日、石上、大和、廣瀬、龍田、大神とまわり、吉野へむかっている。丹生川上神社の所在について、「取杉村の地蔵堂より左へ行、脇川村、寺戸村、あの川村、黒滝村、此間に川あり、五条へ流れ落る、長瀬村、此に茶屋あり、明神は丹生村の小山の上にまします、拝殿は山下に有、鳥居は川ばたにあり、御殿、拝殿、鳥居、各南面、当社まで吉野より三里」とつづっている。

これが該当するのは、3社のうち上社である。翌日、延賢は、下市に至っているが、下市町は、上社の北に位置している。延賢は、中社や下社には寄っていないし、そもそも言及していない。彼は上社こそが丹生川上神社であると考え、それを疑っていないのだ。

ということは、上社こそが『延喜式神名帳』に記載された丹生川上神社なのであろうか。江戸時代にはそのように考えられていたのかもしれないが、その時代に至るまで、朝廷の力がしだいに衰え、応仁の乱などが起こることで、丹生川上神社の所在地は分からなくなってしまっていた。

3社のうち、どれを本来の丹生川上神社としてとらえるかについて検討がはじまるのは、明治になってからである。

窪田によれば、江戸時代からの通説では下社が本来の丹生川上神社と考えられていたため、1871年（明治4年）に、新しい社格制度のもと下社が官幣大社に列せられた。

ところが、下社の少宮司であった江藤正澄という人物が、下社は太政官符に記された四方の境に合致せず、該当するのは上社だけだと主張した。これが認められて、上社こそが丹生川上神社であるとされた。当時上社は高龗神社と呼ばれており、江藤はそれを「奥の宮」と称し、下社を「口の宮」とした。これが認められ、1896年には、上社も官幣大社に列せられている。

御神体は滝？　中社が中心となって統合された3社

さらに、東吉野村の出身で奈良女高師の教諭や春日大社の宮司をつとめた森口奈良吉（ならきち）という人物が、1918年（大正7年）に『丹生川上神社考』という書物を刊行し、当時は蟻通（ありとおし）神社と呼ばれていた中社こそがもともとの丹生川上神社であるという説を主張した。これが認められたことで、1922年には中社も官幣大社に列せられた。

森口は、太政官符にある四至の東限、鹽匂が大豆生の鹽（しお）和田、西限の板波瀧が小川村と國栖（くず）村との境界付近のイトサミの転訛、南限の大山峯は小川村と川上村の境界にある南方の峯、北限の猪鼻瀧は小川村萩原下と考証した。さらに、丹生社と記され、弘長3年（1263年）の年号が刻まれた石燈籠があること、『春日大社文書』の宇陀郡田地帳に「雨師庄、田五町、吉野郡小河雨師明神領」とあることなどを傍証としてあげた。

これによって、三つの神社は「官幣大社丹生川上神社」として統合され、中社が中心となる神社と定められた。その際に、祭神の変更が行われ、中社は罔象女神（みづはのめのかみ）、上社は罔象女神から高龗神（たかおかみのかみ）に、下社は高龗神から闇龗神（くらおかみのかみ）に改められた（丹生川上神社の鎮座地については、白井伊佐牟「式内社丹生川上神社鎮座地考（上下）」『史料（皇學館大学研究開発センター史料編纂所報）』第239〜240号、2013年を参照。なお、白井は「二十二社参詣記」にはふれていない）。

罔象女神は、すでに見たように『日本書紀』に登場するが、『古事記』では弥都波能売神と表記され、火の神である火之迦具土神を生んで陰部に火傷を負った伊邪那美命の尿から生まれた水の神とされる。

高龗神も『古事記』では淤加美神、『日本書紀』では龗神として登場し、伊邪那岐命が妻を死に至らしめた火之迦具土神を斬り殺した際に生まれたとされる。闇龗神も同じ時に生まれた神で、渓谷の水を司るとされる。

注目されるのは、次の章で述べる貴船神社の祭神が高龗神とされ、両社は昔から密接な関係を持ってきたことである。両社が二十二社に含まれたのも、水の確保、あるいは長雨を防ぐための祈願が極めて重要視されていたからである。

不思議に思うのは、丹生川上神社に幣帛を捧げに来た人々が、どうやってその場所にたどり着いたのかである。そこは、京都の都からは遠く、山の奥深くにある。集落も近くにはない。大和神社の神職が勅使を案内したはずだが、十分な地図があったとも思えない。ただ、中社は吉野川に注ぐ高見川沿いにあり、川沿いの道を、まさに川上へと向かっていった途中にある。現在は、神社から東の方角へ向かうと、吊り橋があり、それを渡ると「東（ひんがし）の滝」に至る。それほど大きな滝ではないものの、川沿いを登ってきたら、すぐにその音に気づくはずだ。

滝の前の川の部分は「夢淵」と呼ばれ、水が澄み、美しい場所である。昔は、滝が目印になっていたに違いない。現地を訪れてみると、そのように思えてくる。あるいは、この滝こそが神体で、幣帛は滝に捧げられたのではないだろうか。その可能性も考えられるのである。

第22章 貴船神社

雨を降らせるも止ませるも、まずは貴船神社と丹生川上神社

二十二社を上七社、中七社、下八社に分けたとき、貴船神社は下八社の最後にあげられている。

だが、898年（昌泰元年）の『日本紀略』に示された十六社のなかには、貴船神社は、最後に名前があげられてはいるものの、そこに含まれていた。関連が深く、前の章で取り上げた丹生川上神社も同じである。

貴船神社のことが文献にはじめてあらわれるのは、『日本紀略』818年（弘仁9年）5月辛卯（かのとう）（8日）のくだりにおいてで、そこでは、「山城国愛宕郡貴布祢神を大社と為す」と述べられていた。同書同年6月癸酉（みずのととり）（21日）のくだりでは、貴布祢の神に従五位の神

階が授けられたとあり、7月丙申（14日）のくだりには、祈雨のために貴布祢神社に使者が遣わされたとある。9世紀のはじめにおいて、貴船神社は祈雨、止雨の神として信仰されていたことがわかる。

同じく『日本紀略』の819年6月乙卯（9日）のくだりでは、止雨のために、白馬を丹生川上雨師神と貴布祢神に奉ったとあり、それ以降、祈雨や止雨のための祈願の際に丹生川上神社と貴船神社が同時に名前があげられることが多くなる。雨を降らせるにも、止めるにも、まずはこの二つの神社に祈願する。平安時代にはそうした信仰が成立していたのである。

奈良時代に、都が奈良にあったときには、もっぱら丹生川上神社が水の神として信仰の対象となった。ところが、平安京への遷都によって、貴船神社も水の神として信仰されるようになったのである。

ただ、貴船神社がいつ、どのような形で創建されたかは分からない。『歴史読本』で解説を書いている窪寺紘一は、社伝である『御鎮座縁起』では、「神武天皇の皇母・玉依姫は、雨風の国潤養土の徳を尊び、その源を求めて、黄船に乗り浪花より淀川、鴨川を遡り、その川上貴船川の上流のこの地に至り、清水の湧き出づる、霊境吹井を認めて、水神を奉斎す」とあるとしている。

これは、第18代の反正天皇のときのこととされるが、反正天皇については、『古事記』でも『日本書紀』でも、語られていることは少ない。もちろん、こうした話はまったく出てこない。9世紀のはじめに『日本紀略』に登場するまでの貴船神社のことはまったく分かっていない。

貴船神社の祭神は、前の章でもふれたように、丹生川上神社上社の現在の祭神と同様に高龗神である。ただ、貴船神社は、本宮、「結社（ゆいのやしろ）」と言われる中宮、そして奥宮からなっており、本宮の祭神が高龗神になる。一方、結社の祭神は磐長姫命（いわながひめ）とされ、奥宮も高龗神とされている。磐長姫命は木花開耶姫命の姉である。奥宮については、丹生川上神社下社の祭神と同じ闇龗神、もしくは玉依姫も祀られているとされる。

『延喜式神名帳』には、「山城国愛宕郡　貴布禰神社」とあり、名神大社に列せられている。ただ、一つ注目されるのが、上賀茂神社との関係である。

上賀茂神社の境内には、摂社として新宮神社がある。この神社の祭神も高龗神で、神社側の説明では、貴布禰神社、もしくは貴布祢新宮とも言うとされている。『賀茂社務補任記』1048年（永承（えいしょう）3年）8月25日のくだりには、「貴布祢社ノ新宮」とあるので、その時点ではすでに新宮神社は創建されていたことになる。上賀茂神社の側は、この章で取り上げている貴船神社は自分たちの神社の摂社であり、洪水や大雪が降ると貴布禰詣りができなくなるので、新たに上賀茂神社の境内に祀ったのではないかと説明している。

関係は深いが必ずしもうまくいっていない上賀茂神社

これに関連し、『新古今和歌集』巻第十九には、「社司ども貴船(きぶね)にまいりて雨乞(あまごひ)し侍りけるついでによめる」として、賀茂幸平(ゆきひら)の「大御田(おほみ)のうるほふばかりせきかけて井堰(せき)におとせ河上(かはかみ)の神」という歌が載せられている。これは、貴船神社での祭祀を、上賀茂神社の神職が行ったことを示している。

公家などの日記からの抜粋で鎌倉時代後期に成立したとされる『百錬抄(ひやくれんしょう)』の1055年(天喜(てんぎ)3年)4月26日のくだりには、水が出たため貴船神社が破損し、社地が移されたと述べられている。これは、今の奥宮の方が元の社地で、本社が現在地に遷されたことを意味する。水の神を祀っている場所は水に恵まれており、水害を覚悟しなければならないということである。

平安時代後期の公卿である藤原為隆(ためたか)の日記、『永昌記(えいしょうき)』の1106年(嘉承(かしょう)元年)4月

13日の記事には、上賀茂神社の神殿が焼亡したため、神体を貴船神社に移し、貴船神社の神体は今宮に遷されたと述べられている（この今宮は現在の本宮のことで、上賀茂神社の神体が移されたのは奥宮の方ということなのだろうか）。ここにも両社の密接な関係が示されている。

しかし、両社の関係は必ずしもうまくいっていたわけではない。これは、室町時代のことになるが、室町幕府の記録である『花営三代記』の1379年（康暦元年）11月1日のくだりに、鞍馬の住人が上賀茂神社で雑役を行う神人と争いになり、貴船神社が破壊され、神宝が一時上賀茂神社に奪われたと記されている。上賀茂神社は京都のなかでも有力な神社であり、その勢力を拡大する上で、貴船神社を取り込むことが必要とされたのであろう。

貴船神社の特殊神事として、『官国幣社特殊神事総覧』で取り上げられているのが、「雨乞祭」である。これは、祈雨・止雨を担う貴船神社の本質にかかわる重要な祭である。

『総覧』では、雨乞祭について、二つに分けて説明されている。一つは、「旧儀式次第」であり、もう一つが「現行式次第」である。

前者は、行う場所が3箇所指定されており、まず最初に奥宮で儀式を行い、次に同じ儀式を本社、さらには雨乞瀧で行う。この瀧は、奥宮に行く途中の貴船山の山中にある。

儀式の中身は、神饌を供え、祝詞を唱え、幣帛を捧げるというものである。神饌については図が示されていて、御酒2、鏡餅3、干物2、串柿1本を供えるとされている。

現行の式次第では、まず本社で儀式を行う。そのときには、修祓（しゅばつ）、神饌、祝詞、玉串と続き、神饌を撤収する前に、笛を吹き、太鼓鉦を叩いて祈願を行うとする。その後、奥宮で同じ儀式を行う。

さらに、雨乞瀧に向かうが、宮司が祝詞を奏してから、秘歌を唱えるとされる。この秘歌は、すでに見た賀茂幸平の「大御田（おほみ）のうるほふばかりせきかけて井堰（せき）におとせ河上（かはかみ）の神」の歌のことをさす。

その後、これに参加した一行は、瀧をせき止め、神職に泥水を掛け、自分たちでも掛け合う。そして、川に下りて水を掛け合う。神饌としては、洗米、清酒、魚、昆布、果物、野菜、塩水があげられている。

「雨たもれ」と高らかに唱える「雨乞の儀」と縁結びの神

『総覧』では、祭が行われるのは2月9日とされている。だが、現在では3月9日に行われる。

昔の雨乞祭についての貴船神社の説明は、『総覧』とは異なっている。明治時代までは、雨乞瀧で頻繁に行われていたが、瀧は一の瀧、二の瀧、三の瀧と三段に分かれていた。それぞれの瀧に酒を一升ずつ流し、祈願する者は鈴や鉦、太鼓を打ち鳴らしながら「雨たもれ、雨たもれ！ 雲にかかれ、鳴神じゃ!!」と賑やかに囃し、川に入ってお互いに水を掛け合ったというのだ。

これは、『総覧』の説明と重なるところもあるが、囃しことばなどは違う。

現在は、雨乞瀧付近に低木が生い茂り、禁足地になってしまったため、社殿で行われる。宮司が「今年一年、五風十雨適度の雨を賜りますように」と祝詞を奏上した後、神職が神前に供えた手桶の水に酒3合を注ぎ、さらに塩を一握り入れて、かき混ぜる。次に、神職2名がそれぞれ手桶を持ち、榊で水を掛け合いながら社殿の外に移動し、やはり榊の枝に水を含ませて天地に向かって水を撒く。他の神職はその間、神楽鈴や鉦鼓、太鼓を賑やかに打ち鳴らしながら、「雨たもれ、雨たもれ！ 雲にかかれ、鳴神じゃ!!」の唱え詞を高らかに唱える。宮司は、この「雨乞の儀」の最中、祝詞座にいて、賀茂幸平の秘歌を唱えながら祈念をこめるという。

もう一つ、貴船神社に関連する儀式として興味深いのが、鎌倉時代中期の仏教説話集である『沙石集』に出てくる和泉式部にまつわる話である。

和泉式部は恋多き女として同時代においても知られていたが、結婚した藤原保昌に捨てられそうになったことがあった。そこで彼女は、年をとった巫女と相談し、貴船神社で「敬愛の祭」をすることになった。

敬愛の祭については他に情報がないが、密教の儀礼に「敬愛法」というものがある。これは、恋愛成就などを目的としたものであり、敬愛の祭はそれに影響を受けたものかもしれない。実際のやり方は、次に述べるように呪いの一種である。

和泉式部がこれを試みようとしていることを保昌は小耳に挟み、貴船神社まで出かけて、木の陰から様子をうかがっていた。すると、巫女は、赤い幣を立てめぐらし、鼓をうつと、着物の裾をかき上げて、叩き、３回まわった。はっきりとは書かれていないが、陰部を叩いたのであろう。そして、和泉式部に、同じことをするように申し渡すが、式部は恥ずかしくてできない。

巫女が、さらに迫ると、式部は「ちはやぶる神の見る目も恥づかしや　身を思ふとて身をや捨つべき」という歌を詠んだ。この歌を聞いて、保昌は「ここにおったぞ」と言いながら木陰から姿をあらわす。そして、式部を可愛く思い、そこから連れ帰ったというのである。

現在の貴船神社は、縁結びの神としても知られる。どういった経緯でそのようなことになったのかは不明だが、和泉式部の生きた平安時代中期、もしくは『沙石集』の作られた鎌倉時代中期には、すでにそうした信仰が生まれていたのかもしれない。

二十二社に含まれるということは、朝廷、ひいては国家の祭祀を担うということだが、時代が移るとともに、そうした著名な神社は個人的な信仰の対象にもなってきたということだろう。この和泉式部の話には、二十二社全体が経ていった歴史が象徴的な形で示されている。

下八社のまとめ

地理的な影響、延暦寺との関係を除くと統一感に欠ける下八社

上七社が京都中心、中七社が奈良中心という地域的な特徴を持っていたのに対して、下八社には、京都が5社の他は、滋賀、兵庫、奈良がそれぞれ1社ずつ含まれている。兵庫県にある廣田神社は、昔は摂津国武庫郡に属しており、畿内に含まれるが、滋賀県にある日吉大社は近江国にあり、畿内には含まれない。

もう一つ、下八社に特徴的なのは、『延喜式神名帳』に記載されていない式外社が3社含まれるということである。吉田神社、八坂神社、北野天満宮は式外社である。上七社の式外社は石清水八幡宮、中七社では大原野神社だけであった。式外社には、創建された時代が新しいという特徴がある。

下八社全体を見回してみると、統一感が欠けている。十六社が定まったときに、そこに含まれていたのも丹生川上神社と貴船神社だけである。他の6社は、それ以降に加えられ

たもので、日吉大社の場合にはもっとも時期が遅い。畿内にないという点では、日吉大社が二十二社に含まれなくてもおかしくはなかった。

十六社の段階から含まれていた丹生川上神社と貴船神社は、水の神を祀っており、祈雨や止雨の役割を期待された。水ということでは、中七社の廣瀬大社があるが、祭神も違い、そちらの場合にはむしろ治水にかかわる神であった。

丹生・貴船に深くかかわるのは、丹生川上神社の本社ともされる上七社の大和神社や、丹生の祭神を摂社に祀る上賀茂神社である。丹生川上神社は吉野郡の山中にあり、京の都からはかなり遠い。途中、その所在が分からなくなってしまったというのも、そうした地理的な環境が影響したことであろう。

ほかに、下八社のなかで共通した部分を持っているのが日吉大社、八坂神社、北野天満宮である。いずれも、天台宗の総本山であり、都の鬼門の方角にあって朝廷を守護する役割を担った比叡山延暦寺と関係が深かった。日吉大社は、延暦寺のある土地の地主神を祀り、八坂神社と北野天満宮は、延暦寺の傘下に入った。南都北嶺として、興福寺とともに絶大な力を持ち、世俗の政治勢力とも拮抗した延暦寺との深い結びつきが、この3社が二十二社に含まれる要因となったのであろう。

梅宮大社の場合には、上七社や中七社に含まれる神社に多いことだが、豪族の橘氏が創建に深くかかわっていた。それで二十二社に含まれたのだろうが、橘氏が衰えたことで、その存在感は弱まった。

吉田神社の場合には、もともとは春日神を祀るということで、春日大社や大原野神社と同様に、摂関家として権勢をふるった藤原氏の氏神であった。しかし、後には吉田兼倶がはじめた吉田神道が台頭し、神社界全体を支配するようになる。兼倶が『二十二社註式』を著したのも、吉田神道の勢力拡大と無関係ではなかったはずだ。二十二社を重視することは、そこに含まれる吉田神社の地位を確固たるものにすることに貢献するはずだからである。

廣田神社の祭神は、天照大神の荒魂とされる。荒魂については、記紀神話のなかで、天照大神や神功皇后に関連してしか出てこない。その意味がどこにあるかは重要な問題だが、天照大神の荒魂は伊勢神宮の荒祭宮（あらまつりのみや）や瀧原並宮（たきはらならびのみや）でも祀られている。

そして、神功皇后は、天照大神の荒魂と深く関連する住吉神を祀る住吉大社の祭神でもある。そこには神々のドラマが示されているが、荒魂とは何かは、未だ十分には解明されていない謎である。

最後に二十二社に加えられた日吉大社は、西本宮と東本宮が中心だが、かつては境内、境外にそれぞれ108社の摂社末社を抱えていた。そのうち主だった神社を集めたものが「山王七社（日吉七社）」で、これは11世紀中頃に成立したとされる。その後、山王七社は、他に14社を加え、「山王二十一社」に発展した。

このことを踏まえれば、この本で取り上げてきた二十二社は本来、二十一社という形をとるのが適切であったようにも思える。二十一社なら、上、中、下7社ずつと三つに分割しやすい。二十二社だとそうはいかず、下八社となった。日吉大社が二十二社に加えられるまでに、二十一社の段階が43年も続いたことも、二十一社がめざされたのではないかという推測を生む。

二宮正彦は、「摂関時代における神社行政―二十二社の成立を主題にして」（古代学協会編『摂関時代史の研究』吉川弘文館）という論文において、二十二社が確立された後の神社行政は、二十二社偏重となり、二十二社に加わっていることが新しい社格を形成したという指摘を行っている。

しかし、序章でもふれたように、室町時代に入り、15世紀になると、二十二社に対する奉幣は途絶える。その後、江戸時代には一時奉幣が行われたものの、本格的に再興されることはなかった。そして、二十二社のなかで、必ずしも便利なところにはない神社は、地域の氏神として存続するだけになった。丹生川上神社のように、所在さえ分からなくなってしまったものもあった。こうして二十二社の制度は過去のものとなってしまったのだ。

二十二社に加えられた神社は、古代から中世にかけて有力な神社として、日本の国家、朝廷と深く結びついていた。政教分離を原則とする近代の社会では考えられないことだが、その時代の日本人は、国を守り、自分たちの生活を安全で豊かなものにするには、神社に幣帛を捧げ、神に祈願することが不可欠だと考えていた。

二十二社のなかには、京都の市中に位置し、場所的に便利なところもあった。だが、その一方では、不便で、そこにたどりつくだけでも相当の日数を要するようなところもあった。それでも、二十二社に派遣された使者たちは、苦労して使命を果たした。

神の守護がなければ、国家や朝廷、さらには自分たちの生活も立ちゆかない。あるいは、祟りがあるかもしれないし、雨が降らないかもしれない。幣帛を捧げるという行為は、たんに形式として営まれていただけではない。そこにかかわった人間や、使者を送り出した側は、相当に切実な思いを抱きながら、神に祈願し続けたのである。

そうしたことが期待された以上、二十二社に含まれた神社は、どれも重要なものであった。

皇祖神である天照大神を祀る伊勢神宮をはじめ、第二の皇祖神となった八幡神を祀る石清水八幡宮、そして、第三の皇祖神とも言える今木神を祀る平野神社は、朝廷にとってかけがえのない神社であった。だからこそ、上七社に加えられたのである。

天皇家を支えたのは豪族であり、豪族の祖を祀る神社も重視された。賀茂神社は賀茂氏、松尾大社と伏見稲荷大社は秦氏、そして春日大社は藤原氏の氏神であり、それは、中七社の大原野神社にも言えた。

一方、中七社の神社は、大神神社にしても、石上神宮にしても、さらには大和神社や住吉大社にしても、神話に基礎をおくような古くからの神社であり、朝廷との結びつきも深かった。

廣瀬大社と龍田大社となると、大忌祭(おおいみのまつり)と風神祭が名高く、それは水利や風を制御するという役割を期待されていた。その点で、この二つの神社の祭神は、農耕を守護する存在であり、それは、稲の神としてはじまる伏見稲荷大社にも共通していた。雨と水ということでは、下八社の丹生川上神社と貴船神社にそれが期待された。

下八社になると、それが二十二社に加えられた理由が個々に異なる。梅宮大社は豪族の橘氏とかかわっていた。吉田神社はもともとは藤原氏の傍流である山蔭流の氏神だった。ところが、山蔭流の子孫から朝廷に嫁ぐ人間があらわれたため、吉田神社は摂関家としての藤原氏全体の氏神に昇格した。

廣田神社は、天照大神の荒魂を祀るということで、朝廷と関係し、八坂神社と北野天満宮は比叡山延暦寺の傘下に入ることで、その存在感を増した。それは、日吉大社の場合も同じである。

このような形で二十二社を見ていくと、そこに、古代から中世にかけての朝廷を中心とした人々の求めるものが明らかになってくるとともに、権力のあり方というものも明瞭になってくる。藤原氏の台頭ということは、二十二社の成立に深く影響している。あるいは、世俗の勢力と拮抗した比叡山延暦寺の存在も大きい。神社は、神を祀り、祈願の対象になるだけではなく、一つの勢力として政治に深くかかわっていったのである。

しかし、それだけではない。

二十二社のなかで創建が古い神社になると、『古事記』や『日本書紀』に語られた神話との結びつきを持っていた。とくに祭神が、そうした神話に登場することが多い。現代では、神話は架空の物語として受けとられているものの、古代や中世においては、神話と歴史との区別は曖昧であり、神話で語られたことが歴史的な事実と見なされているところもあった。

現代の私たちは、神社に参拝したとき、神の存在を強く感じることは少ないだろう。現代人に重要なのは祈願するという人間の側の行為であり、神社の空間において神と直接に出会うことが目的とされるわけではない。

しかし、時代を遡れば遡るほど、神に相対するときの感覚は異なっていたはずだ。そもそも、それぞれの神社は今日と同じような形をとっていたわけではない。そこに社殿はなく、磐座や神体山、あるいは開けた空間があって、そこで人は神に幣帛を捧げた。その際に、神の実在を強く感じたはずだ。その実感がなかったとしたら、神に対する祭祀を続けていくことはなかったのではないだろうか。

大神神社のように、現在も本殿はなく、かつては拝殿もなかった神社が存在することから考えると、たとえば、二十二社の筆頭にあげられる伊勢神宮に、古代において、今日と同じ社殿が建っていたとは考えにくい。伊勢神宮の社殿を描いた図は、もっとも古いものでも、14世紀、南北朝時代にしか遡れない。

伊勢神宮の式年遷宮は、持統天皇の時代にはじまったとされてはいるが、それは事実なのだろうか。初期の時代の遷宮は、今と異なり19年に一度行われていたが、そこで言われる遷宮は、大規模な祭祀を営むということだったのではないか。大嘗祭のときの大嘗宮のように、一時的に建物が建てられ、そこで祭祀が営まれたのではなかっただろうか。私は、個人的にはその可能性があるのではないかと考えている。もちろん、その証明はできない。

二十二社について見ていくと、平安時代、あるいはそれよりも昔の神社祭祀がいかなるものであったのかに思いを巡らせるようになっていく。少なくとも、その時代の人々が、現代の我々より、神の実在をよりリアルなものとして受けとっていたことは間違いない。北野天満宮の事例に見られるように、祟りということも信じられていた。神は、たんに祀られているだけの存在ではなく、人間の生活に介入し、ときには甚大な被害をもたらすものとして受けとられていたのである。

二十二社に幣帛を捧げることで、いったいどのような効果があったのだろうか。その点について、人間の側がどのような評価を下したかも分からない。しかし、それが長く続けられたということは、一定の効果があったということだろう。少なくとも、この時代の人々には、神は鎮めなければならないという強い思いがあった。

江戸時代以降、二十二社に対して幣帛を捧げる行為は途絶える。明治政府は、当初の段階で、神祇官という役所を行政全体の頂点に位置づけるなど、神社祭祀ということを極めて重視した。その上で、古代にならって、新しい社格制度を作り上げるのだが、二十二社を復活させることはなかった。

明治時代になると、天皇や南朝の忠臣を祀る神社が各地に新たに創建され、天皇とかかわる神社は「神宮」と呼ばれるようになる。二十二社の場合には、豪族が創建にかかわったところもあるが、明治までその勢力を維持したのは藤原氏だけだった。そうしたことも、二十二社の制度が復活しなかった要因だろう。だが、神の実在を感じるという部分が、近代に入る時点で失われていたことが、決定的な要因になったのではないだろうか。「御一新」に期待をかけた神道家であっても、たとえば丹生川上神社を訪れて、神に対して雨をこいねがわなければならないとは感じなくなっていたのだ。

その点で、二十二社はすでに過去のものになっている。だが、二十二社を出発点にしてみると、神社の世界がどのようになっているか、全体を見通す手立てを得ることができる。そのことについては、すでに「はじめに」でふれた。

あるいは、二十二社は、現代の私たちに、一つの巡礼路を用意してくれているのかもしれない。二十二社を一つ一つ回ることで、見えてくるものがある。それは、一人一人によって異なっているかもしれないが、二十二社の存在を知るだけでも、神道の世界を深く理解していくための鍵を得ることができるのである。

著者略歴

島田裕巳
しまだひろみ

一九五三年東京都生まれ。宗教学者、文筆家。
東京大学大学院人文科学研究科博士課程修了。
放送教育開発センター助教授、日本女子大学教授、
東京大学先端科学技術研究センター特任研究員を歴任。
主な著作に『日本の10大新宗教』『平成宗教20年史』『葬式は、要らない』
『戒名は、自分で決める』『浄土真宗はなぜ日本でいちばん多いのか』
『なぜ八幡神社が日本でいちばん多いのか』『靖国神社』『八紘一宇』
『もう親を捨てるしかない』『葬式格差』(すべて幻冬舎新書)、
『世界はこのままイスラーム化するのか』(中田考氏との共著、幻冬舎新書)
等がある。

幻冬舎新書 574

二十二社
朝廷が定めた格式ある神社22

二〇一九年十一月三十日　第一刷発行

著者　島田裕巳
発行人　志儀保博
編集人　小木田順子

発行所　株式会社　幻冬舎
〒一五一―〇〇五一　東京都渋谷区千駄ヶ谷四―九―七
電話　〇三―五四一一―六二一一(編集)
　　　〇三―五四一一―六二二二(営業)
振替　〇〇一二〇―八―七六七六四三

ブックデザイン　鈴木成一デザイン室
印刷・製本所　株式会社　光邦

GENTOSHA

Printed in Japan　ISBN978-4-344-98576-6 C0295
し-5-12